LEBEN UND WOHNEN IN
NEUENGLAND

LEBEN UND WOHNEN IN
NEUENGLAND

FOTOGRAFIEN
SØLVI DOS SANTOS
TEXT
ELAINE LOUIE

nicolai

INHALT

Design lernt man am besten, wenn man sieht, wie die Menschen wirklich leben.« Das habe ich einmal über meine eigene Arbeit gesagt, es trifft aber genau so gut für Inneneinrichtungen zu und ganz besonders für die schönen Häuser in diesem Buch. Die Menschen in Neuengland lebten einfach; ihre Häuser sind schlicht und frugal, und diese Wesenszüge passen gut zu unserer modernen Lebensweise. Diesem Stil fühle ich mich verbunden – Schlichtheit und Zeitlosigkeit entsprechen meiner Auffassung von Modedesign, und ich war immer der Ansicht, dass es ein Bindeglied zwischen Mode und Inneneinrichtung gibt.

Als ich mein Haus in Connecticut sah, wusste ich sofort, dass ich es liebe. Seine karge Schlichtheit entsprach genau meinen Vorstellungen von Design. In meiner Arbeit dreht sich alles um Reduktion, darum, den Entwurf bis auf das rein Wesentliche zu entkleiden, und dasselbe gilt für

VORWORT von Bill Blass

meine steinerne Schenke aus dem 18. Jahrhundert und ihr Dekor. Ich habe die Räume relativ schlicht gehalten, mit einer Klarheit, die den historischen Stil der Region spiegelt. In diesem Kontext kann eine leere Wand geradezu luxuriös wirken. Solche Schlichtheit entspricht nicht nur dem Wesen der puritanischen Tradition, sondern auch einer sehr modernen Lebenseinstellung. So sehr ich mein Haus auch liebe, es ist nicht zum Repräsentieren gedacht – es ist ein Ort, an dem ich angenehm leben kann, aber kein architektonisches Monument.

Sølvi dos Santos hat das begriffen, als sie mein Haus fotografierte. Einfachheit schlechthin wurde zum Leitthema ihres Besuchs – dazu kam ihre sensible, von Scharfblick und Beobachtungsgabe geprägte Haltung. Diese Einstellung spielt im gesamten Buch die wichtigste Rolle. Als Fotografin begreift Sølvi klar und eindeutig das Wesen eines Gebäudes. Vom ersten Tag in Connecticut an erspürte sie die Seele von Haus und Garten. Die Fotos zeigen, welch enge Beziehung sie zu ihrem Objekt entwickelt. Ich glaube nicht, dass es so etwas wie guten oder schlechten Geschmack gibt – es ist alles eine Frage des Blickwinkels –, und Sølvis Blick ist der einer echten Künstlerin. Elaine Louie geht auf diese Details in ihren Gesprächen ein, und beide zusammen gewähren uns faszinierende Einblicke in 25 der inspirierendsten und stilvollsten Häuser Neuenglands.

Bill Blass
New Preston, Connecticut

Als der Forscher Captain John Smith von der Virginia Company of London einen königlichen Auftrag erhielt, segelte er von England aus zur Chesapeake Bay und gründete 1607 in Jamestown die erste dauerhafte englische Siedlung in Nordamerika. Sieben Jahre später vermaß Captain Smith auf einer weiteren Expedition die Küste von Penobscot Bay bis Cape Cod und gab diesen sechs Staaten – Maine, Vermont, New Hampshire, Massachusetts, Rhode Island und Connecticut – den Namen Neuengland. Es waren hauptsächlich Engländer, die im 17. Jahrhundert ausgewandert waren, darunter viele Calvinisten oder Puritaner, die ein schlichtes, gottgefälliges Leben befürworteten. Viele Siedler brachten die Kultur und Architektur Englands mit. Die ersten Behausungen aus dem 17. Jahrhundert waren aus einem einzigen Raum bestehende Holzhäuser. Dann wurde ein Stall angebaut, ein Kamin

EINLEITUNG

LINKS Der Künstler Jamie Wyeth und seine Frau Phyllis verbringen einen Teil des Jahres auf Southern Island, Maine. Das im 19. Jahrhundert erbaute Wohnhaus und der benachbarte Leuchtturm an der Mündung der Penobscot Bay liegen nach Süden und kontrastieren lebhaft mit Wasser, Himmel und Gras.

RECHTS Der Ozean beherrscht nicht nur die Landschaft, sondern hat die Wyeths auch bei der Dekoration ihres Hauses inspiriert. Selbst Strandgut wird geschätzt – hier steht ein Eimer mit so genannten Sanddollars neben der Tür; die Familie hat diese Seeigelskelette im Lauf der Jahre gesammelt.

in der Mitte und ein zweites Stockwerk. Mit wachsendem Wohlstand begann man kunstvollere Stilrichtungen zu imitieren, wie sie in England beliebt waren. Ab dem 18. Jahrhundert bauten einige Hausbesitzer, etwa Kaufleute und Schiffseigner, mit Vorliebe georgianische Häuser: mit quadratischem Grundriss, zentralem Treppenhaus und einem von Säulen und Giebeldreieck gerahmten Eingang. Im 19. Jahrhundert ging man zum eleganteren Federal Style mit seinen größeren Fensteröffnungen und schlankeren Sprossen über. Die Tür wurde breiter und höher, gekrönt von einem Fächerfenster, von Seitenlichtern gerahmt. Die Zeit von 1820 bis 1860 stand im Zeichen des Greek Revival Style, die Fassaden ähnelten zweistöckigen Tempelfronten mit Giebeldreieck. Kennzeichnend für die zweite Hälfte des 19. Jahrhunderts sind Dekorationen im Zuckerbäckerstil, Türme, vorspringende Erkerfenster und Gasbeleuchtung. Mit dem Aufkommen von Tafelglas wurden größere Fenster möglich. Im 20. Jahrhundert begann der Niedergang der über Neuengland verstreuten Fabrikstädte: Die Industrie verlagerte sich nach Süden, und Neuengland musste sich noch einmal neu erfinden.

Leben in Neuengland ist ein Album mit 25 sehr unterschiedlichen Häusern. Hier erfährt man, auf welche Weise sich die Bewohner der Architektur Neuenglands stellen, aber auch der Landschaft, der Aussicht, die sich einem bietet, und den Jahreszeiten. Innerhalb Neuenglands hat jeder Bundesstaat seine eigene Persönlichkeit. In Connecticut, ursprünglich von den Algonquin-Indianern bewohnt, gibt es Strände und Häfen, sanfte

RECHTS Die Wyeths haben ihre Möbel so ausgewählt, dass sie sich dem Haus aus dem 19. Jahrhundert anpassen. Im Haupthaus besteht das Erdgeschoss aus einem einzigen riesigen Raum, Wohnzimmer, Esszimmer und Schlafzimmer zugleich, der aber hauptsächlich als Atelier genutzt wird; die Bereiche sind lediglich durch ein paar Möbelstücke voneinander abgegrenzt. Ein Sofa mit einem Bezug aus beigefarbenem Leinen mit blauen Streifen markiert diesen Teil des Raums als Wohnbereich. Das Gemälde »Brigg in rauer See« von Thomas Birch (1779–1851) ist das einzige Stück im Zimmer, das nicht Ruhe und Ordnung ausstrahlt. In beiden Häusern auf Southern Island gewinnt man den Eindruck, als sei alles, ob Schrank, Buch oder Hocker, durch die Hände mehrerer Generationen gegangen. So wirkt der Raum selbst dann bewohnt, wenn niemand zu Hause ist.

Hügel und Seen. Die Landschaft ist lieblich. Im nordwestlichen Teil ist es so still, dass man glaubt, die Blätter fallen zu hören.

Ist Connecticut vornehm, so ist Maine wild. Es besteht zu 80 Prozent aus Wald und hat eine wilde, felsige Küste. Wenn man in Maine über Highways oder Straßen fährt, ist die Gegend manchmal so menschenleer, dass man meilenweit nichts als Bäume sieht, weich beleuchtet von der tief stehenden Sonne. Die dortige Bevölkerung besteht aus einer Mischung von Engländern, Iren und Schotten, ein paar Franzosen und einigen wenigen Indianern und Afroamerikanern; allen gemeinsam ist ihr wortkarger, trockener Humor. Der Schiffbau war einst ein wichtiger Handelszweig, und diese Fertigkeiten haben überdauert und werden heute häufig beim Bau von Häusern statt von Schiffen genutzt. Die Böden knarren nicht. Die Wände sind dick. Die Häuser strahlen eine ungeheure Solidität aus. Unter den Wohnhäusern reicht die Bandbreite von Farmen bis zu Behausungen im Federal, Greek Revival, neogotischen und viktorianischen Stil.

Zwei amerikanische Präsidenten, John Quincy Adams und John F. Kennedy, haben im Commonwealth of Massachusetts gelebt, wie sich der Bundesstaat auch nennt. Zu den berühmten Bewohnern aus der Literaturszene gehörten Edith Wharton, Eugene O'Neill und Norman Mailer. Die Boston Tea Party war einer der Auslöser des Revolutionskriegs; Boston gilt heute als Geburtsort der amerikanischen Unabhängigkeit, und die Region ist immer noch von Nationalstolz durchdrungen.

Die ersten Siedler kamen 1623 nach New Hampshire, um Fischfang und Handel zu betreiben, und 1629 wurde die Region nach der englischen Grafschaft Hampshire benannt. Sie ist zwar herrlich waldig und ländlich, aber mehr als ein Drittel der Einwohner arbeitet in der Industrie.

Rhode Island ist der kleinste amerikanische Bundesstaat, 1636 von Roger Williams als Zufluchtsort für Menschen gegründet, die wegen ihres Glaubens verfolgt wurden; seit Ende des 19. Jahrhunderts kommen die Superreichen zum Spielen, Tanzen und Segeln nach Newport.

Die Franzosen waren die ersten Siedler in Vermont – der Name setzt sich aus den französischen Wörtern *vert* (grün) und *mont* (Berg) zusammen. Hier werden noch einige amerikanische Kolonialbräuche gepflegt: Wähler leisten einen Eid als freie Bürger, »sich ruhig und friedlich zu verhalten«.

Gemeinsam ist all diesen Bundesstaaten jedoch ihre Liebe zur Natur und den vier Jahreszeiten, eine Leidenschaft, die sich in den in diesem Buch vorgestellten Häusern Neuenglands spiegelt.

AUF DEM
LAND

Chase Hill Farm liegt nahe der Küste in Ashaway, Rhode Island, und ist das Zuhause des preisgekrönten Designers Stephen Mack. Die Farm liegt auf einem 20-ha-Grundstück mit hügeligen Feldern, Mischwald, Bächen und Seen. Mit den Kühen im Hintergrund und den träge in der Nähe grasenden Schafen ist es ein Stück authentisches, wenn nicht ganz und gar typisches Neuengland, und diese bukolische Atmosphäre dringt bis in alle Winkel des Ensembles.

Die Architektur der 1792 erbauten Chase Hill Farm und der sie umgebenden Gebäude ist laut Mack »eine Studie in Subtilität, die Eleganz der Einfachheit«. Er entwirft all seine Häuser und Siedlungen nach diesem Prinzip. Mack hat schon immer vom Abriss bedrohte und ungewöhnliche Häuser, Scheunen und Nebengebäude gesammelt – ein Fundus, aus dem er Bauten mit Atmosphäre schafft und restauriert.

RESTAURIERTES IDYLL

LINKS Bei weit geöffneter Tür hat Mack einen kleinen Kneipentisch vor den Durchgang gezogen, um den Blick auf die Wiese zu genießen. Er hat den modernen Verputz von den Wänden entfernt und Leinenstreifen über die Fugen und Astlöcher geklebt, um den ursprünglichen Zustand des Raums wieder herzustellen. Aus dem selben Grund beleuchtet er den Raum ausschließlich mit Kerzen; in den zwanzig Jahren, seit er hier lebt, hat er in diesem Zimmer tatsächlich noch nie elektrisches Licht benutzt.

RECHTS Das Licht fällt durch das schlierige Glas aus dem 18. Jahrhundert und wandert im eher konventionell gehaltenen Wohnzimmer langsam an der Tür empor.

Er verfügt ständig über 25 bis 30 sorgfältig demontierte Gebäude, die er beim Entwurf seiner neuen Projekte mit einbezieht. Daraus entsteht, gepaart mit neuem Design, eine nahtlose Verbindung des 18. mit dem 21. Jahrhundert. Wie Mack sagt: »Es sind Orte, an denen man atmen kann.«

Getreu den Traditionen der Architektur Neuenglands war Holz stets das bevorzugte Material. Chase Hill Farm hat ein von Hand behauenes Ständerwerk, Böden aus breiten Eichenbohlen und Holzschindeln auf Wänden und dem Dach. Andere Gebäude wie Scheunen, Nebengebäude und Ateliers bestehen ebenfalls komplett aus Holz.

Im Lauf der Jahre und im Lauf seiner Arbeit eignete Mack sich ein umfangreiches Wissen über Designgeschichte an und erwarb wunderbare Möbel und andere Objekte, die er nun in seinem eigenen Haus zur Schau stellt. Er ist der festen Überzeugung, dass sowohl das Innere als auch das Äußere eines Hauses so getreu wie möglich dessen Geschichte spiegeln sollten.

Im Inneren des Hauses sind die Wände in einem warmen, abgetönten Weiß gekälkt. Das Holz ist mit Kaseinfarbe in gedämpften Farben gestrichen, die Böden sind unbehandelt und glatt gescheuert. Die Wände in der Küche bestehen, wie es für diese Epoche typisch war, aus Eichenbrettern, und Mack hat die Fugen mit Leinen und Baumwolle abgeklebt und gekälkt, so dass die Wand wie verputzt wirkt. Farben, Texturen und Möbel verschmelzen im späten Nachmittagslicht. Genau diese Reduktion auf das Wesentliche gefällt Mack an seinem Haus am meisten. Es ist wirklich der Inbegriff der vor ihm beschworenen »eleganten Einfachheit«.

LINKS Rote Kaseinfarbe, ähnlich der Außenfarbe des Hauses, verleiht dem direkt neben der Eingangstür gelegenen Treppenhaus Wärme. Das ovale Bild mit einem schottischen Jungen und seinem Hund sowie ein Kerzenhalter aus dem 18. Jahrhundert auf einem aus dem Yale Club geretteten Tisch mit Messingplatte beleben eine häufig vergessene Ecke. Über dem Geländer hängt ein altes Pferdegeschirr.

RECHTS Im Gästezimmer unterm Dach müssen Macks Freunde auf die Truhe steigen, um in das ungewöhnlich hohe Bett aus den 1830er Jahren zu gelangen. »Einige meiner älteren Gäste haben gefragt, ob ich die Betttreppe für sie installiert habe«, erzählt er. Der Quilt stammt aus der Mitte des 19. Jahrhunderts.

LINKS Die Granitspüle ist Handarbeit und älter als das Haus selbst, die Messingarmaturen stammen allerdings aus dem frühen 20. Jahrhundert. Mack poliert sie einmal in der Woche. Obwohl das Haus über Zentralheizung, Elektrizität und andere moderne Annehmlichkeiten verfügt, ist Mack der »Geschirrspüler«, und das gerne, behauptet er.

RECHTS Macks Küchendesign basiert auf schlichten Schränken und offenen Regalen. Die Arbeitsplatte besteht aus Kastanienholz und ist geflickt mit einer Vielzahl von Holzdübeln, um die Wunden von 200 Jahren zu kurieren. In offenen Regalen präsentiert sich eine Sammlung von Keramiktassen und -untertassen mit Lüsterglasur, chinesischem Exportporzellan, Kruken und allen möglichen alten Küchenutensilien. Mack betont: »Es wird alles benutzt, es ist nicht nur zum Ansehen.« Nach einer Pause fügt er hinzu: »Das ist ja gerade das Schöne.«

Irgendwann im Jahre 1976 zeigte der inzwischen verstorbene Innenarchitekt Billy Baldwin seinem Freund Bill Blass eine 1770 erbaute Schenke, eingebettet in ein 9 ha großes Grundstück in Connecticut. Blass sah sie, kaufte sie und verwandelte das Haus in eine luftige Behausung mit lauter sonnendurchfluteten Zimmern. In den Häusern Neuenglands, erklärt Blass, dominieren Schlichtheit und Frugalität, und diese Eigenschaften passen gut zum heutigen strengen Lebensstil ohne überflüssigen Kleinkram. So entstand ein ideales Refugium, das vor dem Trubel New Yorks schützt. Blass ist einer der prominentesten amerikanischen Modedesigner. Sein Look ist absolut nonchalant – bei ihm wirft man beispielsweise einen Kamelhaar-Polocoat übers elegante Abendkleid. Blass ist außerdem Philanthrop; er hat der New York City Public Library 10 Millionen Dollar gespendet.

KUNST UND DESIGN

LINKS Blass hasst Durcheinander. Die Eingangshalle seines Hauses aus dem 18. Jahrhundert ist so gestaltet, dass sie warm und einladend, dabei aber nicht voll gestopft wirkt. Die Pflanze dient als Farbtupfer, und der Türstopper – das Bein einer alten Holzstatue – bringt etwas Witz in die Sache.

RECHTS Blass' Witz erstreckt sich auch auf den Garten; dort hat er Statuen aus dem 18. Jahrhundert wie zum Schwätzchen zusammengestellt. In solch zeitlos schöner Umgebung scheinen die Statuen – er hat sie in London entdeckt – unter dem ausladenden Ahorn mit der Szenerie zu verschmelzen.

Blass hat einmal gesagt, seine Entwürfe seien der Inbegriff von Reinheit und Reduktion. In seinem Haus schuf er luftige Zimmer, in denen aussagekräftige Möbelstücke mit den leuchtend weißen Wänden und den weiß gestrichenen Böden kontrastieren. Am einladendsten wirkt das Schlafzimmer des Hausherrn. Die Wände sind tabakbraun gestrichen, und auf dem Bett liegt ein weiß-brauner Quilt. Dramatik gewinnt der Raum aber nicht nur durch diese kräftigen Farben, sondern auch durch seine Sammlung von Kuriositäten. Da steht eine Büste George Washingtons von Jean-Antoine Houdon, einem französischen Bildhauer des 18. Jahrhunderts. Und auf dem Tisch schwingt sich ein Treppenmodell auf. »Architekten haben solche Modelle angefertigt, um in eine Gilde aufgenommen zu werden«, erklärt Bass. Beunruhigend an dieser Treppe ist, dass ihre Stufen nirgendwohin führen; sie steigen im Bogen auf und enden dann abrupt im Nichts.

Bis auf einen funktionieren alle Kamine im Haus. Blass hat aus dem nicht funktionierenden dennoch einen Blickfang gemacht. Der gesamte Kamin ist weiß gestrichen, und die Ecke, in der er steht, verwandelte Blass in eine Galerie für seine Spiegelsammlung aus England, Frankreich, Schweden und den Vereinigten Staaten. Ein rechteckiger Spiegel mit einem geschnitzten Adler hängt direkt über dem Kaminsims. Die anderen – rund, oval, quadratisch – sind auf einer angrenzenden Wand arrangiert. Eine buchstäblich tote Ecke gewinnt so an Leben, wenn das Licht in den Spiegeln funkelt.

RECHTS Die meisten Räume in Blass' luftigem Haus sind vom Boden bis zur Decke weiß gestrichen. »Das hebt die Möbel hervor«, erklärt der Designer. Durch die sieben Fenster im Wohnzimmer fällt Tageslicht – Blass hat darauf geachtet, dass kein Möbelstück höher als die Fensterbretter ist, damit das Licht ungehindert einfallen kann. Statt des konventionellen Ensembles aus Couchtisch, Sesseln und Sofa arbeitet Blass mit dramatischeren Stücken – ein Spieltisch bildet den Mittelpunkt des Raums, der englische Bücherschrank aus dem 19. Jahrhundert wird von zwei Globen flankiert. Man fühlt sich an den ursprünglichen Zweck des Zimmers erinnert – es war einstmals der Warteraum für die Gentlemen. Die elegante Ausgewogenheit der Bilder an der hinteren Wand verstärkt den Gesamteindruck ruhiger, geordneter Behaglichkeit.

LINKS Der schwarz gestrichene Boden verleiht dem weißen Gästezimmer einen urbanen Touch. Blass setzte das kleine Holzhaus, ursprünglich vermutlich eine Geschenkkiste, auf einen Sockel und machte so einen Nachttisch daraus. Darüber hängt ein Architektur-Aquarell, das passend zum Holzhaus ebenfalls ein säulengeschmücktes Gebäude zeigt.

LINKS UNTEN Das unmittelbar an die Halle grenzende Zimmer ist in verschiedenen Grautönen gestrichen und mit einem englischen Dielenstuhl aus dem 19. Jahrhundert sowie einem runden Tisch möbliert; die Urnen auf dem Tisch, vermutet Blass, »sind wahrscheinlich aus schwedischem Porphyr«.

RECHTS Im Schlafzimmer des Hausherrn sind die Wände in einem warmen Tabakbraun gestrichen, Decken und Fensterrahmen in leuchtendem Weiß. Dadurch spiegelt sich das einfallende Licht in den Fensterbrettern und wird von der Decke reflektiert. Die Farbgestaltung der Wände kehrt in den Farben des Quilts wieder. Dessen Zickzackmuster wiederum findet sein Echo in der Silhouette eines ins Nirgendwo führenden Treppenmodells. Blass vermutet, dass die Treppe aus England stammt und dass Architekten mit solchen Modellen ihre Geschicklichkeit demonstrierten, wenn sie sich um die Aufnahme in eine Gilde bewarben. Neben dem Bett erinnert eine Büste George Washingtons daran, dass dieser sich hier einst mit einem französischen General getroffen hat.

GANZ LINKS OBEN Holz auf Holz: Im Esszimmer steht die Büste eines Admirals aus dem 19. Jahrhundert, einst eine Galionsfigur, wachsam, wenn auch leicht verwittert, auf einem schlichten, robusten Ahorntisch.

GANZ LINKS UNTEN Blass ist ein leidenschaftlicher Sammler. In diesem winzigen weißen Zimmer hängt eine Gruppe ungewöhnlicher Spiegel. Sie bilden eine Studie in Rahmenstilen aus Frankreich, England, Schweden und den Vereinigten Staaten. Der weiße Krug dient als Blickfang im einzigen nicht funktionierenden Kamin des Hauses.

LINKS »Ich habe das nicht geschossen«, meint Blass über das spektakuläre Geweih, das jetzt im Esszimmer hängt.

RECHTS Selbst der so genannte Mud Room, das schlichteste Zimmer im Haus, ist faszinierend. Die Bank aus Ästen besticht eher durch Originalität als durch Bequemlichkeit. Andererseits: Wie lange dauert es, die Schneestiefel auszuziehen? Das Gleiche gilt für den Garderobenständer aus Geweihen: Für Chiffon eignet er sich nicht gerade, aber Strohhüte und Regenjacken passen gut darauf.

In Neuengland hat es eine lange Tradition, Häuser zu kaufen und sie dann an einen anderen Standort zu versetzen. Als das Haus des Landschaftsmalers Neil Welliver in Lincolnville, Maine, 1975 durch einen Brand zerstört wurde, fanden er und seine inzwischen verstorbene Frau Polly Mudge zwei Meilen entfernt ein windschiefes Bootshaus. Er kaufte, zerlegte und versetzte die 1500-qm-Konstruktion, markierte jedes Stück Holz, nummerierte jeden einzelnen Balken und stellte zwölf Leute an, um das Haus wieder aufzubauen und zu stabilisieren.

Durch diese gewissenhafte Rekonstruktion wurde er so vertraut mit jedem Balken und Dachsparren seines von etwa 1800 stammenden Hauses wie mit den Biberbauten, Fischadlerhorsten und verbrannten Wäldern auf seinen Gemälden. Ganz nebenher, als spräche er vom Wetter, erklärt er den ursprünglichen Zweck jedes Möbelstücks, vom Tisch bis zum Ka-

AUS LIEBE ZUR SACHE

min. Er zitiert eine ganze Litanei seiner Möbelstücke, einer eklektischen Mischung von Stücken aus dem 18., 19. und 20. Jahrhundert, und freut sich am Wissen über ihre Machart; schließlich entstammt er einer ganzen Dynastie von Möbeltischlern. Jedes Zimmer ist geräumig, und jedes Möbelstück vereint großzügige Abmessungen mit einem gehörigen Maß an Bequemlichkeit. Man kann sich räkeln, ausstrecken, zusammenrollen und lesen. Im ganzen Haus finden sich Apothekerschränke – große, schlichte Holzschränke, meist in ihrer ursprünglichen Farbe belassen, entweder grau-grün oder senf-grau-grün. »Ich entferne nie, nie die Farbe«, sagt Welliver. »Der Wert sinkt dadurch um 75 Prozent.«

Welliver ist im Norden von Pennsylvania aufgewachsen, in einer Gegend, die einst völlig wild und unzivilisiert war. In Maine hat er 1000 ha Land erworben und das meiste davon dem Coastal Mountain Land Trust geschenkt. Sein Grundbesitz ist ein Schutzgebiet für Elche und Hirsche, Bären und wilde Truthähne. Er behauptet, er habe sogar einmal gesehen, wie sich ein Elch in eine Kuh verliebte. Er malt jeden Tag, entweder draußen, wo Wildpflanzen zwischen den Sonnenblumen, Lilien und Malven wachsen, oder in seinem Atelier, wo er auf quadratischen Leinwänden arbeitet und sie nach und nach von oben nach unten bemalt. Welliver fühlt sich in der Natur am glücklichsten. Im nördlichsten Teil Neuenglands zu leben, ist für ihn keine Frage des Stils, nichts, über das man je nachdenken müsste. Er gehört einfach dorthin.

LINKS Welliver lässt das ganze Jahr überall im Haus Feuer brennen. Das Wohnzimmer heizt ein Rumford-Kamin aus dem 19. Jahrhundert, breit und flach gebaut, so dass die Wärme in den Raum strömt. Die Möbel stammen zwar aus verschiedenen Epochen, aus dem 18., 19. oder 20. Jahrhundert, allen gemeinsam sind aber die reinen Linien. Das Kuhfell ergibt einen kräftig gemusterten Bodenbelag und bildet einen Gegenpol zur zurückhaltenden Einrichtung.

RECHTS Wellivers Malweise ist einzigartig. Zunächst läuft oder fährt er über sein 1000 ha großes Grundstück. Dann wählt er ein Motiv zum Skizzieren aus, vielleicht einen Birkenhain, einen dicken, düsteren Sumpf oder schneebedeckte Bäume. Er fertigt die Skizze im Freien an und beginnt dann im Atelier das eigentliche Gemälde.

LINKS In der Küche wird ein Bügeltisch zum Esstisch mit schön gerundeten Ecken. Man speist auf Eisdielenstühlen aus den 1920er Jahren. Der Herd der Marke Eagle, ein Modell aus dem 19. Jahrhundert, wird gelegentlich benutzt.

UNTEN Welliver beruft sich auf seine Abstammung aus einer Familie von Möbeltischlern. Er ist selbst ein geschickter Tischler: Als seine inzwischen verstorbene Frau Polly Mudge bei einer Kirchenveranstaltung ein hölzernes Tellerregal sah, baute er eins für sie.

RECHTS Wellivers Einstellung zu Restaurierung und Renovierung erstreckt sich auch auf das Recycling unnötiger Gegenstände. Mit der wohlgeordneten Präzision, die er von seinen Handwerkerahnen gelernt hat, hortet er im Keller 230 Meter Kiefernbretter, alles alte, breite Dielen, und trennt seinen Müll sorgfältig in organischen und nicht wiederverwertbaren Abfall.

OBEN Im Haus spiegelt sich das Wesen von Maine. Welliver beschreibt es als einen Ort, wo die Menschen keine Affektiertheit kennen. »Sie nehmen einen, wie man ist«, sagt er. Das Design der Küche strahlt diese ehrliche Unbefangenheit aus: bescheiden und vertrauenerweckend. Bequemlichkeit, Zweckmäßigkeit und Effizienz sind die Kriterien, nach denen alles arrangiert ist.

OBEN Über dem Kamin erhebt ein Porträt von Welliver territoriale Ansprüche auf den Raum. In den riesigen Eimer rechts vom Kamin gehört Brennholz.

RECHTS Das Schlafzimmer ist eine Studie in gedämpften Farben und kräftigen linearen Formen. Der rost- und cremefarbene Quilt mit dem prägnanten Blockmuster kontrastiert mit dem gedämpften Gelb der Türen. Im spärlich möblierten Raum erscheint alles etwas höher als üblich. Das hohe Bett wirkt unprätentiös zeremoniell und gewährt einen besseren Blick aus dem Fenster. Die Schubladen mit den Holzknäufen reichen bis zur Decke, und auch der graublaue Schrank rechts zeigt Größe.

UNTEN Durch die ansprechenden Farben wirkt das streng gehaltene Schlafzimmer sehr warm. Welliver kennt sich auf dem Antiquitätenmarkt gut aus: Der braunschwarze Schrank darf wie alle seine antiken Möbel den ursprünglichen Anstrich behalten. »Ich entferne nie, nie die Farbe«, sagt Welliver. Einen Farbakzent setzen die frisch gestrichenen Fensterrahmen.

Richard Kazarian kaufte sein 1848 im Stil des Greek Revival erbautes Haus in Warren, Rhode Island, im Jahre 1998 und machte es zu einem Schrein für das schlichte, nützliche und dabei skulpturale Objekt. Geschichte ist seine Leidenschaft. Das hat ihn dazu inspiriert, nach Antiquitäten zu suchen, die lange Zeit unbeachtet blieben. Er war einer der ersten, der Gartenzubehör wiederentdeckte und in den 1970er Jahren Gartenbänke, Urnen, Giebeldreiecke und Simse aus dem Freien in den Wohnbereich holte. »Wenn man mit dem Sammeln von unten nach oben beginnt, nicht von oben nach unten«, sinniert er, »dann entdeckt man Objekte, die bei einer konventionellen Betrachtung von Antiquitäten herausfallen. Das gilt nicht nur für Volkskunst und Wandermaler, sondern auch für Gegenstände aus Fabriken, etwa einen Stahlschreibtisch, ein Objekt mit ganz praktischem Hintergrund.« Besonders gern be-

ANGEWANDTE KUNST

LINKS In der Küche hat Kazarian ein Ensemble aus Objekten geschaffen, die sich alle durch die sorgfältig ausgeführte filigrane Struktur auszeichnen. Auf einer holländischen Anrichte aus dem 19. Jahrhundert präsentiert er einen Steinbogen aus der selben Zeit samt Setzgerüst und Schlussstein vor einem Eisenrost. Links auf dem Hocker steht ein Muschelkorb, und auf dem Tisch rechts wurde ein eisernes Lampengestell als Gag auf den Kopf gestellt.

RECHTS Die Herkunft dieser Tatzen ist unbekannt – Kazarian weiß lediglich, dass sie wahrscheinlich als Füße von Marmorwannen dienten.

obachtet er den Einfluss über die Jahrhundertgrenzen, wenn man zum Beispiel einem modernen Stuhl ansieht, dass sein Macher zuvor einen Queen-Anne-Stuhl studiert hat. Er akzeptiert, dass er vielleicht nie erfährt, wer der Handwerker war. Aber es gefällt ihm, Dinge zu kaufen, zu verkaufen und über ihre Geschichte nachzudenken.

Kazarian stellt nicht mit einander verwandte Objekte unter Berücksichtigung ihres Materials, ihrer architektonischen Linienführung zusammen und hat die Sammlung in seinem Haus wie eine Kunstinstallation arrangiert – einzelne Objekte, meist ornamentale Architekturfragmente, die den Blick auf sich ziehen, eher als Studienobjekte denn als Dekoration gedacht. Er zeigt auf einen Zink-Wasserspeier aus dem 19. Jahrhundert, dunkelorange gestrichen und mit einer eleganten, schön fließenden Stoffbahn geschmückt. »Ich erhöhe gern den Status von Objekten, die immer ignoriert oder unterschätzt wurden«, bemerkt er. Kazarian bewundert Objekte aus der Hand von Unbekannten. Diese Handwerker besaßen die Gabe, dem Nützlichen ästhetische Qualitäten zu verleihen, und deshalb möchte Kazarian den Wasserspeier als Skulptur betrachtet wissen. In einem der Schlafzimmer im ersten Stock hat er über das Bett eine mit Stoff dekorierte Blechplatte gehängt. Die Platte – er vermutet, dass sie früher eine Gebäudefassade zierte – besteht aus schlichtem Material, verschönert durch die Laune eines Handwerkers. Für ihn gehört ebensoviel künstlerisches Geschick dazu, mit einfachen Materialien und Formen höchste Raffinesse zu erreichen, wie zur Erschaffung einer Louis-Seize-Kommode.

LINKS OBEN In einem Schlafzimmer im ersten Stock schuf Kazarian ein kleines Stillleben und gesellte eine Sammlung von Blechhänden zu einem französischen Barometer aus dem 19. Jahrhundert.

LINKS UNTEN Im Flur steht ein italienischer, mit Blei ummantelter Behälter aus dem 18. Jahrhundert, in dem einst Wasser oder Wein aufbewahrt wurde. Das Besondere daran ist die wunderbar detaillierte Handwerksarbeit. »Um die Spitze, um den Rand und die Seiten ist das Blei zu tropfenden Eiszapfen geformt«, erklärt Kazarian, »und die Tülle hat die Form einer Schlange.«

RECHTS »Nichts macht mir mehr Freude, als ein französisches Art-Déco-Stück neben ein Stück aus dem 18. Jahrhundert zu setzen«, so Kazarian. Einen verblüffenden Blickfang in diesem eigenwilligen Raum bildet die vergoldete Wetterfahne in Form eines Kabeljaus, die vorm Fenster steht und das Sonnenlicht einfängt. In der Raummitte thront ein Steinbecken, zwei Bronzefiguren des heidnischen Gottes Pan sitzen einander gegenüber und versuchen, sich gegenseitig übers Wasser zu locken.

RECHTS OBEN Dieser Schrank ist ein Beispiel für die »Banken« aus Schubladen oder Aktenschränken, die holländische Kaufleute im 19. Jahrhundert zum Hafen mitnahmen, wenn Schiffe erwartet wurden – das zivile Gegenstück zum Feldmobiliar. Auch die Truhe ist alt; sie wurde 1826 in England angefertigt.

RECHTS UNTEN In diesem Schlafzimmer frönt Kazarian seiner Vorliebe für die Zusammenstellung von Möbeln aus verschiedenen Epochen, »Grenzen durchbrechen«, wie er es nennt. Hier ergänzt ein Stahlschreibtisch aus den 1920er Jahren eine holländische Bank aus dem 19. Jahrhundert. Kazarian liebt die Bank, denn »sie hat eher die Qualitäten, die wir von einer Skulptur erwarten, weniger diejenigen, die uns an einem Sitzplatz interessieren«.

RECHTE SEITE Eine Studie in Streifen: Im Gästezimmer wirkt das französische Messingfeldbett aus dem 19. Jahrhundert gemütlich und sehr viel bequemer als so manches moderne Bett, das eigentlich länger halten sollte als einen kurzen Feldzug über. Über der Stange des Himmelbetts hängt eine orange-grau gestreifte Stoffbahn. Die zahlreichen Kissen tragen zur gemütlichen, entspannten Atmosphäre bei. Das Streifenmuster wiederholt sich in der blauen Daunendecke und dem pergamentbezogenen Schrankkoffer aus dem 19. Jahrhundert. »Es wundert mich, dass die Menschen mit Messingbetten und Mahagonitruhen aufs Schlachtfeld gezogen sind«, meint Kazarian. »Es muss damals Unmengen von Dienstboten gegeben haben, die zum Bedienen, nicht zum Kämpfen da waren.«

LINKS Die Objekte im frisch renovierten Bad im ersten Stock sind wie in einer Galerie angeordnet. Sie sind klar und provozierend und verlocken zu ausgedehnten Studien. Die verblasste Farbe des hölzernen Medizinschranks harmoniert mit den gestrichenen Holzbalustern darunter. Über dem Waschbecken hat Kazarian einen Bootsfender in Form einer Gummi-Meerjungfrau aus den 1950er Jahren mit einem englischen Rasierspiegel aus dem 19. Jahrhundert gepaart. Beide gelten als Symbole der Eitelkeit. Die Handtücher sind sorgfältig arrangiert. Eines ist rechts vom Waschbecken über ein Möbelstück drapiert, die anderen sind im Hintergrund exakt gefaltet und gestapelt. An der Wand hängt ein ausgebleichter Tierschädel über einem verblichenen weißen Holzbrett; dieses dient gleichzeitig als flaches Regal für eine An-sammlung von Rasierpinseln, die allein durch die Art ihrer Aufstellung die Blicke auf sich ziehen und eine enorme Wirkung entfalten.

RECHTS In einer ungenutzten Ecke des Badezimmers schuf Kazarian ein Tableau aus Objekten des 19. und 20. Jahrhunderts, vereint durch ihre abgenutzten, fleckigen Oberflächen und kräftigen, eckigen Formen. Jedes Objekt besitzt seine eigene, unaufdringliche Patina.

I ch mag es groß und weit«, sagt Francine Gardner, die zusammen mit Laurent Kriegel das Einrichtungshaus Interieurs in Manhattan führt. »Ich mag Berge. Ich mag weites Land.« Francine bewohnt zusammen mit ihrem Mann Luke Gardner, einem Anwalt, und ihren kleinen Kindern ein ehemaliges Stallgebäude von 600 qm aus den 1920er Jahren in Stamford, Connecticut. Das U-förmige Haus mit Innenhof steht auf einem Grundstück von 0,8 ha. Als sie das Haus 1990 kauften, hat Francine es entkernt, alle nicht tragenden Wände herausgerissen, die Räume neu konzipiert und Licht und Luft hereingelassen. Zum Schluss entfernte sie alle Anstriche und riss den Teppichboden heraus.

Alles, was sie für das Haus (und ihr Geschäft) entwirft oder kauft, ist groß, klar und rein in den Linien. Im ganzen Haus dominiert ein starker Sinn für Formen und schwelgerische Bequemlichkeit. Jeder geräumige

FAMILIÄRE ANKLÄNGE

Sessel lädt ein, sich niederzulassen und sich in eine der Kaschmir-, Chenille- oder Wolldecken zu hüllen, die überall griffbereit liegen. »Ganz egal, wo ich bin, ich habe gern viel Platz um mich«, sagt Gardner, »und Textilien geben mir ein Gefühl von Wärme und Sicherheit.«

Leuchtende Farben benutzt sie weder in ihren Entwürfe noch wählt sie solche für ihre eigene Kleidung. »Ich trage Braun, Schwarz und Grau«, erklärt sie, »neutrale Farben finde ich beruhigend.« Die meisten Wände sind weiß, und die meisten Böden sind mit 25 cm großen quadratischen mexikanischen Tonfliesen ausgelegt, im selben roten Terracottaton wie in ihrem Zuhause in Clermont Dessous, einer Stadt in der Gascogne aus dem 12. Jahrhundert. Farben, Erinnerungen und Erbstücke hat sie aus ihrer französischen Heimat nach Connecticut mitgebracht. Vieles im Haus erinnert an ihre Familie, aber auch an die ihres Mannes. Die Vogelskulptur an der Treppe gehörte früher seiner Familie.

Am einen Ende des Wohnzimmers riss Gardner die Rigipswand ein und legte einen Bereich frei, in dem früher ein Trog in einer Krippe gestanden hatte. Jetzt steht dort eine spanische Obstholzbank aus dem 18. Jahrhundert mit Bogenlehne, und an der Wand hängen afrikanische Skulpturen aus der Sammlung der Familie Gardner sowie ein Bild des vietnamesischen Künstlers Leberdene. Draußen dominiert makelloses Weiß. Weiß ist das Haus, weiß sind auch die Korbmöbel. Farbe liefern die alten englischen Rosenzüchtungen aus dem 16. Jahrhundert, Blauregen und Efeu, und im Herbst leuchten die Bäume.

LINKS Ihre knapp bemessene Freizeit verbringt Gardner allein, lesend auf ihrer chintzbezogenen Chaiselongue – die Kinder reisen jeden Sommer für ein paar Wochen nach Frankreich und besuchen die Großeltern. Die beigefarbenen Leinenvorhänge in diesem Zimmer sind überlang geschnitten; sie stauen sich auf dem Boden und verleihen der schlichten Fensterdekoration einen Hauch von Luxus.

LINKS UNTEN An einem Bettpfosten hängt ein Rosenkranz, der Gardners Urgroßmutter gehörte, auch dies eine Erinnerung an Frankreich und vor allem an die Familie.

RECHTS Das Wohnzimmer ist ein großzügiger, zur Entspannung einladender Raum; das kühle Weiß der Wände und die mit weißem Leinen bezogenen Möbel kontrastieren mit dem warmen Terracotta der Bodenfliesen. Der riesige Couchtisch ist ein alter Arbeitstisch, dessen Beine passend gekürzt wurden. Die Bank mit Bogenlehne zieht den Blick auf eine Nische, in der einst ein Trog stand. Der Vorbesitzer hatte sie mit Rigips verschlossen, und Gardner riss eines Tages in einem Anfall von Begeisterung alles ein. »Dann habe ich jemanden zum Reparieren geholt«, erzählt sie.

Als der Künstler Dennis Kyte und der Immobilienmakler Seymour Surnow ein Haus aus den 1960er Jahren in Washington, Connecticut, kauften, entschlossen sie sich, es ausschließlich mit Stücken von Künstlern zu möblieren, in die sie sich verliebten. Kyte, Autor von The Botanical Footwork, einer Sammlung von Zeichnungen fantastischer Schuhe, und sein Partner Surnow sind nicht nur eingefleischte und leidenschaftliche Sammler, sondern auch Archivare. Sie kennen die Herkunft jedes einzelnen Gegenstands im Haus. Anonyme Möbel, Funde aus dem Billigladen und Weitergeschenktes sind nicht ihr Ding. Das einzige Möbelstück ohne Stammbaum ist der Esszimmertisch – ein massiver holländischer Bauerntisch, Entstehungszeit, Holzart und Designer unbekannt. Überzeugt hat sie seine Funktionalität. »Man hat uns gesagt, der Tisch sei so massiv, dass man darauf tanzen kann«, berichtet Kyte.

MODERNES LEBEN

LINKS Als Kyte und Surnow ihr Haus aus den 1960er Jahren kauften, bauten sie an, um riesige Räume für ihre modernes Mobiliar aus dem 20. Jahrhundert zu schaffen. Im über zwei Stockwerke reichenden Wohnzimmer wurden zwei Barcelona Chairs von Mies van der Rohe mit einem kalligraphisch gemusterten Stoff von Clarence House bezogen.

RECHTS Charles Eames' La Chaise von 1948 besteht aus weißem, formgepresstem Fiberglas. Die Stromlinienform kontrastiert wunderschön mit dem Geländer und den glänzenden Blättern der Bäume, die in diesem sonnigen Raum prächtig gedeihen.

Die beiden Männer sind in erster Linie Fans der Modernen des 20. Jahrhunderts wie Charles und Ray Eames, Isamu Noguchi, Florence Knoll, Le Corbusier und Harry Bertoia. Aber sie verehren auch den italienischen Architekten Gaetano Pesce, der Möbel, Vasen und Schalen aus Harz fertigt. »Pesce meint, Gummi und Harz seien das Venini-Glas der Zukunft«, erklärt Kyte.

Das Haus hat hohe Decken und riesige Räume und ist komplett weiß gestrichen. So kommen die Möbel wie in einer Kunstgalerie zur Geltung, sind jedoch wohnlich gruppiert. Wo Stühle stehen, gibt es auch Leselampen und Tische für Bücher und Kaffeetassen. Die provozierendsten Objekte im Haus sind Zirkusplakate von Snap Wyatt, der in den 1950er Jahren Künstler im Riverside Park bei Chicago malte. Eines, die Schlangendame Olga, hängt in Kytes Atelier und behauptet sich dort gegen vier von Le Corbusiers *Le grand confort*-Sesseln. Die Sessel sind im Quadrat aufgestellt, dennoch zieht das drei Meter hohe Plakat alle Blicke auf sich.

Selbst die Badezimmermöbel haben eine Geschichte. An einem Ende der Wanne stehen große Spiegelkugeln aus den 1930ern. »Sie reflektieren den Raum«, sagt Kyte, »wir mögen gern helle, glänzende Sachen.« Über dem Waschbecken steht eine Prozession von Objekten: ein fossiles versteinertes Schneckenhaus, eine türkis-weiße Venini-Glasvase und ein transparenter, funkelnder Quader aus geheimnisvollem Material. »Das ist ein Deodorant«, erklärt Kyte. Selbst die banalsten Gebrauchsgegenstände werden nach ihrer Schönheit ausgesucht.

LINKS OBEN UND UNTEN Mit der gleichen Präzision wie ihren Möbeln widmen sich Kyte und Surnow auch ihrem Garten – immerhin liegt er in Connecticut, wo die wohlsituierte Landbevölkerung nicht nur ihre Hände, sondern auch ihren Rasen manikürt. Alle Bäume und Sträucher in diesem eleganten Vorgarten werden sorgfältig beschnitten und gestutzt, und das Gras ist unkrautfrei. Selbst die Hunde, Vizslas (Ungarische Vorstehhunde) namens Rowboat (links) und Rabbit (rechts) drapieren sich lässig über ein Stein»sofa« und fügen sich in die Atmosphäre von wohlerzogenem Chic ein.

RECHTS Das Esszimmer ist der einzige Raum mit alten Stücken unbekannter Herkunft, ausgewählt wegen ihrer Funktionalität und überdimensionalen Proportionen. Der holländische Bauerntisch ist so stabil, dass man Kyte versicherte, er könne darauf tanzen. Er setzte einen kleinen Spiegel in den überdimensionalen Fächer ein, damit über der Flügeltür das Licht reflektiert wird. Sein liebstes Stück in diesem Raum ist jedoch der vergoldete Fiberglass-Alligator, der den Tisch dominiert. »Ich mag alle Jungschen Archetypen, und ich liebe Tiergötter«, erklärt Kyte seine Wahl.

UNTEN In der Küche von Kyte und Surnow stehen Drahtstühle von Harry Bertoia. Alles wurde nach Eleganz und Schönheit ausgesucht. Selbst die Küchenleiter ist nicht dazu da, dass man darauf klettert und Glühbirnen auswechselt – es ist ein Kunstwerk von Daniel Mack, einem amerikanischen Designer, der mit seinen Möbeln aus Ästen berühmt wurde. Der Gipstisch ist eine Arbeit von John Dickinson, dessen Firma Kyte und Surnow früher gehörte. Dickinson wurde durch Tische und Konsolen mit Tierfüßen bekannt. »Sie haben Ähnlichkeit mit afrikanischen Hockern«, findet Kyte.

OBEN Das Schlafzimmer ist wie das übrige Haus mit Klassikern der Moderne möbliert und wird von einem Kamin beheizt. In den 1970er Jahren, als Kyte und Surnow in San Francisco lebten, sammelten sie Kunst von Geisteskranken. »Das war in visueller Hinsicht chaotisch«, erinnert sich Kyte. Nach dem Verkauf der Sammlung beschlossen sie, sich nur noch Kunst und Möbel mit beruhigender Ausstrahlung anzuschaffen.

OBEN Als das Paar in San Francisco lebte, kauften sie John Dickinsons Firma, haben sie aber inzwischen wieder verkauft. Sie behielten jedoch eine Auswahl von Möbeln des Designers; dazu gehört der lackierte, mit einem Tau umwickelte Gipstisch. Ordentlich zusammengerollte Handtücher liegen auf Sori Yanagis hölzernem Butterfly Stool aus den 1950er Jahren, der auch im Museum of Modern Art in Manhattan steht.

RECHTS Das auffällige Zirkusplakat »Turkey Boy« von Snap Wyatt dient als Betthaupt. Wyatt war in den 1950er und 1960er Jahren einer der berühmtesten Zirkusplakatmaler. Die Betttextilien sind in ihrer Art zurückhaltender – die Tagesdecke ist ein gewebter Gobelin von Anichini, einem Hersteller wunderschöner italienischer Leinenwaren. Die weißen Laken und Kissenpyramiden bilden einen beruhigenden Gegenpol zum Plakat.

Bunny Williams' Haus im Federal Style gehörte ursprünglich Eban Brewster, der es 1840 erbaut hatte. Brewster war ein wohlhabender Farmer, und sein Haus stand auf mehreren hundert Hektar Land, von denen Williams jetzt zehn gehören. Das Haus liegt an einer Landstraße, aber 50 Meter davon zurückgesetzt. Sie hat es 1978 gekauft, um sich hierhin vor der Hektik von Manhattan zurückziehen zu können. Williams liebt die Landschaft, fand aber auch heraus, dass die Einwohner der Stadt sozial sehr aktiv sind. Bevor sie das Haus kaufte, verbrachte sie ein Wochenende in einem nahe gelegenen Gasthaus. »Vor dem Gasthof stand eine Reihe von Leuten mit Transparenten, auf denen sie für eine nukleare Abrüstung warben«, berichtet sie. »Sie standen jedes Wochenende da.«

1990 besuchten Williams, eine hoch angesehene Innenarchitektin, und ihr Partner John Rosselli in London die Chelsea Flower Show. Das brachte

GARTENFARBEN

sie auf die Idee, in Manhattan ein Geschäft mit Gartenmöbeln, Treillage, zu eröffnen. Sie verkaufen dort alte Stücke und Reproduktionen aus England, Frankreich und den USA. Landschaft und Garten liegen Williams sehr am Herzen, und in ihrem Haus holt sie die Natur nach drinnen. Sie ist kein Architektur-Purist, und so hat sie das Haus erweitert, Wände herausgerissen, Räume neu konzipiert, in der Küche große Fenster und in der Scheune raumhohe Bogenfenster eingebaut. Zwar gibt es im ganzen Haus Blumen und Pflanzen, sie hat aber auch in der Scheune einen Wintergarten eingerichtet. »Wir haben diesen großen Glasraum für empfindliche Pflanzen gebaut, damit wir bis in den Winter Passionsblumen und Jasmin genießen können«, erzählt sie. »Und tagsüber ist es mollig warm.« Treibhäuser haben laut Williams in Neuengland keine lange Tradition. Sie wurden erst im 19. Jahrhundert mit dem Aufkommen von Tafelglas möglich. Es gehört zu Williams Designprinzipien, die Zimmer nicht stilrein nach Epochen zu möblieren. Stattdessen mixt sie Antiquitäten, stellt Kulturen und Epochen nebeneinander, so dass es immer etwas Einzigartiges zu entdecken gibt. Vor lauter Design vergisst sie jedoch nie die Behaglichkeit. Als Innenarchitektin achtet sie stets darauf, dass man seine Drinks oder Bücher irgendwo abstellen kann. Neben jeden Sessel platziert sie eine Leselampe. Es gibt keinen einzigen weißen Raum im Haus, und jedes Zimmer ist in einer anderen Farbe gestrichen. Der lange Winter in Neuengland dauert von November bis April, und die Vorstellung von weißen Räumen in einer weißen Landschaft erscheint Williams öde.

LINKS Williams und Rossetti sind auch die Inhaber von Treillage, einem auf Gartenmöbel spezialisierten Geschäft in Manhattan. Sie versuchen, den Garten ins Haus zu bringen: Im Wintergarten steht ein filigraner Vogelkäfig zwischen blühenden Pflanzen.

RECHTS Die Scheune wurde zum Haus umgebaut; dazu gehört ein Wintergarten/Esszimmer. Als Williams die drei zehn Meter breiten Bogenfenster entdeckte, wusste sie sofort einen Platz dafür: die zehn Meter lange Scheunenwand. Die Pflanzen wuchern vom Boden bis zur Decke und verleihen dem Raum Duft und Atmosphäre eines Treibhauses.

RECHTE SEITE Ein hoher Lehnstuhl, eine Stehlampe und Pflanzen verlocken an diesem Schreibtisch zum Briefe Schreiben. Williams entwarf den mit Wachs polierten Betonboden aus 1,20 Meter großen, quadratischen Platten eingefasst mit dünnen Holzrahmen speziell für die Fußbodenheizung, da es keinen Keller gibt, in dem man eine Heizungsanlage installieren könnte.

OBEN Im winzigen Zimmer neben dem Wintergarten/Esszimmer in der Scheune werden Gartengeräte aufbewahrt. Williams findet die riesige Steinspüle bei der Pflege ihres Wintergartens praktisch.

LINKS Im 18. Jahrhundert hatten die Häuser in Neuengland sehr kleine Fensteröffnungen, die Licht hereinließen und die Wärme im Haus hielten. Williams hingegen hat die Küche um fast zwei Meter erweitert und ein großes Fenster eingesetzt. Jetzt fällt das Licht tief in den Raum und beleuchtet die italienischen Rohrgeflechtstühle und den englischen Obstholztisch im Tudorstil. Williams weiß genau, wie man eine einladende, behaglich großzügige Zimmereinrichtung schafft. Unter dem Blätterdach des Baums hat sie neben dem Küchenfenster ein französisches Ledersofa aus den 1920er Jahren platziert, das ausgestattet mit weichen Kissen zum gemütlichen Leseplatz wird. Gemeinsam mit dem hochlehnigen viktorianischen Sessel daneben entsteht ein idealer Platz für Gespräche.

RECHTS Williams' Sinn für Behaglichkeit durchdringt alles, ob drinnen oder draußen. Diese Bank ist genau das Richtige für Plaudereien im Garten.

G retchen Mann, Innenarchitektin in Lyme, Connecticut, liebt es ausschließlich groß. »Kauf nichts, was kleiner ist als eine Kuh«, ist ihr Credo. Ihr Mann, Mowry Mann, ist sehr groß – 1,92 Meter, um genau zu sein –, deshalb müssen sich alle Möbel nach seinem Maß richten, damit er es möglichst bequem hat. Diese Maxime wendet sie auf Lebendiges wie auf Lebloses an – Schränke, Himmelbetten, Kronleuchter, selbst Fialen. Bei ihren Möbeln geht der Blick stets nach oben; ihre Schränke, der Taubenschlag und selbst Zierpflanzen streben, wie sie es nennt, zur Decke. Sie und Mowry Mann, Verleger von Firmenhistorien, und ihre gemeinsame Tochter Molly teilen sich das Haus, erbaut im Federal Style in den 1820er Jahren, und ein 3,6-ha-Grundstück in einer alten Schiffbauerstadt in Connecticut mit 83 Tieren, darunter 8 Hunde und 50 Hühner (die einzigen Objekte, die nicht in die Höhe streben).

IN GROSSEM STIL

LINKS Das Schlafzimmer der Manns ist in Grautönen gehalten, ein neutraler Hintergrund für die überdimensionalen Sammelobjekte von Gretchen Mann. Hier haben alle architektonischen Elemente Hochformat: das Himmelbett, die korinthische Säule und das Trio von Zinkfialen oben auf dem Hudson-River-Valley-Kleiderschrank.

RECHTS Mann liebt alle Hunde, selbst leblose. Acht lebendige Hunde streifen durchs Haus und begleiten sie auf Schritt und Tritt. Dieser eiserne Hundekopf gehört der selben Gattung an, bellt aber nicht.

Gretchen Mann hat eine Lösung für Pfotenabdrücke und Hundehaare auf ihren Möbeln gefunden. »Ich habe alle Sessel und Sofas mit Vinyl oder Stoff mit Tiermuster bezogen«, berichtet sie. Weg mit den losen weißen Leinenbezügen, her mit abwaschbarem Vinyl.

Im Sommer stellt Mann keine simplen Biedermeiersträußchen ins Haus. Sie bevorzugt Gestutztes, häufig Wacholder. Auf der säulengeschmückten Vorderveranda stehen Formschnitte in Kübeln. »Es geht darum, ein hübsches Gesicht zu präsentieren«, findet sie.

Neben Formschnitten gehören Fialen zu Manns liebsten Dekorationselementen. Sie sammelt Fialen aus den USA, England und Frankreich. Sie sind alle groß, meist weiß und überall im Haus gruppiert, auf Kaminsimsen, Kommoden und Schränken. In der blassgrauen Küche mit der Granitarbeitsplatte hat Mann eine Zinkfiale aufgestellt, die Ende des 19. Jahrhunderts ein Scheunendach in Vermont zierte.

Das Esszimmer ist eine Studie über Tisch und Stühle in Beige und Weiß, akzentuiert durch riesige Objekte. Der makellose Kronleuchter, dessen Arme winzige Lampen mit weißen Schirmen tragen, war ursprünglich »abscheulich billiges, schwarzes spanisches Gusseisen«, berichtet Mann. »Ich habe ihn an einen Baum gehängt, weiß gespritzt und die Kette mit Stoff umwickelt.«

Im Schlafzimmer sind die Wände blassgrau und gebrochen weiß, und dasselbe gedämpfte Farbenspiel weisen die drei Zinkfialen auf, die oben auf dem ebenfalls blassgrauen Hudson-River-Valley-Schrank stehen.

LINKS OBEN Das Hundemotiv setzt sich draußen fort; hier bewachen zwei Hundestatuen und zwei Wacholderhochstämme eine selten genutzte Seitentür zum Rasen. »Es geht darum, ein hübsches Gesicht zu präsentieren«, findet Mann.

LINKS UNTEN Diese Gartenansicht demonstriert Manns Neigung zu allem, was groß ist. Das riesige Vogelhaus auf entsprechend hohem Sockel unterstreicht den großen Maßstab eines Gartens, in dem die gestutzten Pflanzen die Höhe der Fenster erreichen und sogar das Gras hoch steht.

RECHTS Den kurzen Sommer in Connecticut verbringt die Familie überwiegend am Pool. Wenn sie und ihre Freunde nicht schwimmen, können sie an diesem Tisch im Schatten eines Segeltuchschirms essen oder lesen. Die Adirondack Chairs findet man häufig in den Häusern Neuenglands. Im Gegensatz zu anderen Gartenmöbeln sind sie tief, ausladend und einigermaßen bequem. Die Manns achten stets darauf, dass Abstellplätze für Weingläser in Reichweite sind – für jene Sommerabende, an denen die Sonne weich auf den gepflasterten Bereich fällt, einen Ort der Kontemplation und Entspannung.

LINKS OBEN Da die Manns mit so vielen Tieren leben, haben sie nur wenige Teppiche und keinen Teppichboden. Stattdessen sind ihre Böden gestrichen, so dass sich Hunde- und Katzenhaare leicht absaugen oder auffegen lassen. Um die Böden interessanter zu gestalten, hat Gretchen sie im Schachbrettmuster bemalt.

LINKS UNTEN Es gibt kaum ein Fenster im Haus, vor dem keine Pflanze steht, und kaum ein Möbelstück ohne Fiale. Gretchen sammelt große Fialen und platziert sie auf Tischen, Kaminsimsen, Regalen und, wie hier, auf Schränken.

RECHTS Die Manns haben einige Wände des ursprünglichen Hauses eingerissen. So entstanden geräumigere Zimmer, und es kommt mehr Licht und Luft ins Haus. Den ursprünglichen Boden ließen sie jedoch intakt und beträufelten ihn à la Jackson Pollock mit Farbe (eine traditionelle Dekoration in Neuengland). Der schwungvoll bekleckste Boden befindet sich im so genannten Mud Room.

UNTEN Manns Leidenschaft für
Fialen und Grünpflanzen zeigt
sich hier im Mud Room, wo das
symmetrische Arrangement für
Ausgewogenheit sorgt.
Die unterm Tisch versammelten
Stiefel sind überwiegend für
Wanderungen über die Felder
bestimmt, es sind aber auch
Reitstiefel darunter. Die Manns
besitzen vier Pferde und ein Pony
für ihre Tochter Molly. Mann reitet
jedoch weder im englischen noch
im Westernstil. »Ich reite ohne
Sattel«, erklärt sie.

OBEN Die Küche ist so groß, dass eine gemütliche Sitzecke hineinpasst. Der Fächer über dem funktionierenden Kamin stammt aus einem im Federal Style erbauten Haus aus den 1860er Jahren und zierte dort vermutlich die Eingangstür. Die gewaltige Zinkfiale auf dem niedrigen Tisch stammt aus dem 19. Jahrhundert und kommt aus Vermont. Sie hat dort vielleicht auf einem Scheunendach gestanden. Die Möbel sind mit haustierresistentem Vinyl bezogen.

OBEN Weitere Stücke aus Manns umfangreicher Sammlung von Fialen schmücken das Sims im Wohnzimmer. Stoffdecken und strukturierte Kissen machen das Vinylsofa warm und behaglich, und die leuchtenden Farben der lässig arrangierten Rosen und Päonien scheinen die Sonne zu speichern und kontrastieren mit den kühlen weißen Dekorationen im Schatten dahinter.

RECHTS Der vergoldete hölzerne Hahn aus dem 18. Jahrhundert schmückte einst eine Schenke in New Hampshire, und in der Ecke steht ein wuchtiger Taubenschlag aus Blech. Besonders stolz ist Mann aber auf den Kronleuchter. Er war ursprünglich schwarz, sie hat ihn jedoch weiß gespritzt, damit er besser ins neutrale Farbschema des Raums passt. Die Lampen stehen unterschiedlich schräg, dadurch wirkt er ein wenig seltsam.

AN DER
SEE

Die amerikanische Künstlerdynastie Wyeth umfasst drei Generationen. N. C. Wyeth war Maler und Illustrator, bekannt geworden ist er vor allem mit seinen Zeichnungen für Kinderbuchklassiker. Von seinen fünf Kindern kennen viele seinen Sohn Andrew als Maler von *Christina's World*. Jamie, Andrews Sohn, arbeitet wie sein Großvater in Öl und malt Präsidenten und Schweine, Vogelhäuser und Leuchttürme, Möwen und Ziegen. Die Familie arbeitet im Stil des Naturalismus, fast ein Anachronismus im heutigen Zeitalter.

1978 sah Betsy Wyeth, Andrews Frau, den Leuchtturm auf Southern Island, kaufte und restaurierte ihn. 1990 verkauften sie ihn an Jamie, der fast das ganze Jahr dort lebt und das dazugehörige Haus als Atelier und Werkstatt nutzt. Phyllis, Jamie Wyeths Frau, lebt mal auf Southern Island, mal in ihrem Haus in Tenants Harbor. Die Nähe zur Natur auf Southern

DER LEUCHTTURM

Island inspiriert Jamie Wyeth, und da ihm die Insel allein gehört, kann er in nahezu vollständiger Abgeschiedenheit arbeiten. 90 Prozent seiner Arbeiten entstehen auf Southern Island, der Rest in Chadds Fort, Pennsylvania, wo die Wyeths ebenfalls einen Wohnsitz haben.

Der Leuchtturm, 1867 erbaut und bis 1933 in Betrieb, steht an der Mündung der Penobscot Bay, mit freiem Blick auf Meer und Schiffe. Die Treppe ist steil und schmal, aber der Aufstieg lohnt sich. Vom ehemaligen Laternendeck an der Spitze kann man aus dem Fenster aufs Wasser schauen und sich vorstellen, wie Windjammer auf die Insel zusegeln und Ausschau nach dem Leuchtfeuer halten. Die See ist im Leben der Wyeths allgegenwärtig. Sie liegt nicht nur vor der Tür, sondern spiegelt sich auch in der Dekoration beider Häuser, eingefangen in Materialien und Motiven. Beide Häuser sind komplett mit Antiquitäten möbliert, die aus verschiedenen Geschäften in Maine, Pennsylvania und Massachusetts stammen. Die Wyeths haben sich bewusst für eine historisch authentische Ausstattung entschieden. Sie besitzen eine Sammlung von Teppichen, die mit nautischen Motiven bestickt sind – Fische, Seeleute und Schiffe, alles herausragende Beispiele amerikanischer Volkskunst.

Die Interieurs sind durchweg beiläufige Stillleben. Auf dem Schreibtisch im Aussichtsraum liegt ein kleines Teleskop auf einem Buch von 1882, *Lights & Tides of the World*, in dem der Leuchtturm von Southern Island erwähnt ist. Auf einer Messingtafel im Haus sind alle Leuchtturmwärter von 1867 bis 1933 aufgelistet.

LINKS Eine Faulenzerecke, in der man sich am prasselnden Feuer wärmt, Zeitung liest und dankbar ist, dass die stabilen Wände den wütenden Sturm und die Kälte abhalten.

LINKS UNTEN Mit dem abgewetzten Sessel versucht man ganz bewusst, der von Traditionen geprägten Atmosphäre des Hauses treu zu bleiben; das Buch ist ein Beispiel für Jamie Wyeths Naturliebe und künstlerischen Stil.

RECHTS In der »aktiven« Zeit des Leuchtturms von 1867 bis 1933 war das Wohnzimmer der Aufenthaltsraum der Familie. Die beiden Ledersofas, vom Staat gestellt, lassen sich zu Doppelbetten ausklappen. Die Sessel haben lose Sommerbezüge, kühl und leicht zugleich. Alle Möbel sind abgewetzt und haben sanfte, gedeckte Farben. Wyeth mag alte Farbanstriche und zieht häufig die oberste Farbschicht ab, um den ursprünglichen Anstrich freizulegen. Auf den Böden liegen überall im Haus alte Teppiche, die zumeist mit nautischen Motiven bestickt sind.

LINKS Vom Esstisch im Leuchtturm fällt der Blick über die Penobscot Bay. Die hohen, schlanken Lampen auf dem Tisch sind aus Blitzableitern gebaut, und die Uhr stammt vom United States Lighthouse Establishment.

RECHTS OBEN Amerikas bekannteste Malerfamilie ist auf ihr Land ebenso stolz wie dieses auf sie; das handgestrickte Kissen mit Stars & Stripes offenbart ihren Patriotismus. Handgeschriebene Briefe liegen herum und tragen zur alterslos schönen Atmosphäre des Hauses bei.

RECHTS Im Aussichtsraum des Leuchtturms werden Artefakte aus dem 19. Jahrhundert wirkungsvoll zur Schau gestellt. Das Buch heißt *Lights & Tides of the World*; darin ist der Leuchtturm der Wyeths erwähnt.

OBEN Ganz unterschiedliche Objekte wie traditionelle Schulhüte und seemännische Utensilien fügen sich, zusammen aufgehängt, zum selbstverständlichen und dennoch künstlerischen Ensemble.

LINKS OBEN Ein La-Cornue-Herd mit Messingleisten fordert die Gäste des Leuchtturms zu größeren Kochaktionen heraus. Weitere Beweise für die Liebe zum Essen liefern die wunderbar gepflegten Kupfertöpfe, die massiven Gusseisenpfannen und das Gewürzarsenal über dem Herd.

LINKS In der Leuchtturmküche findet man neben einer Ansammlung von Küchenzubehör wie Trüffelöl, extra nativem Olivenöl und Körben voll Gemüse auch eine kleine Sammlung von alten Holzschüsseln und Backbrettern, ausgeblichen vom vielen Gebrauch. Rechts von den Schüsseln steht ein Kompassgehäuse.

RECHTS Im großen Haus zieht sich über eine ganze Wand eine lange, niedrige Schubladenreihe, geräumiger Stauraum und Schauraum zugleich. Winzige Eimer in verschiedenen ausgeblichenen Farben sind ein ungewöhnlicher Blickfang, und unter den Schubladen steht griffbereit eine Auswahl von Kunstbüchern.

Ainslie Gardner bezog 1985 ihr Anwesen aus dem 19. Jahrhundert mit zehn Schlafzimmern. Dies ist ihr dritter Familienwohnsitz in Newport, Rhode Island; die Wahl des Hauses richtete sich stets nach der Familiengröße. Zu Beginn des 19. Jahrhunderts renovierte George Champlin Mason Teile des ehemaligen Farmhauses; er war zunächst Reporter für den Newport Mercury, später Architekt. Zwischen 1850 und 1950 wurde das Haus etwa achtzehnmal umgebaut und verwandelte sich langsam in ein elegantes Sommerhaus. Um 1860 ließ Mason eine Veranda nach seinem Entwurf anbauen, um 1870 kam eine Bibliothek im hochviktorianischen Stil, kurz vor 1900 ein Speisezimmer im Stil des Federal Revival dazu. Diese »ausufernden Anbauten« fielen Gardner gleich ins Auge, und sie fügte bald eigene hinzu – sie renovierte das Haus sofort nach dem Kauf, verlegte alle Bäder und baute neue ein.

FAMILIENSACHE

LINKS Der exquisite Wintergarten, eins von zwei Glashäusern, ist eine verglaste Fortsetzung der offenen Veranda, die sich ums Haus zieht. Der Boden ist blau gekachelt, die Decke blau gestrichen. Gardner erklärt, die Wände hätten die Farbe der Trinity Church in Newport, »weiß mit einem rosa Schimmer«.

RECHTS Der Blick von der Veranda zum Wintergarten. Die Ligusterhecke um die Veranda ist so hoch, dass sie wie eine Mauer wirkt; so wird die Veranda zu einem weiteren Zimmer.

Bei der Renovierung standen die Bedürfnisse der Familie im Vordergrund. Ihr ältestes Enkelkind hat Asthma, also verzichtete sie auf jegliche Teppiche. Im zweiten Stock gibt es eine Küche, damit man Babynahrung zubereiten kann, ohne beim Kochen für die Erwachsenen zu stören. Ein großer Sommerspeiseraum bietet der gesamten Familie Platz, und das kleinere Winteresszimmer dient gleichzeitig als Wohnzimmer. Alle Kamine im Haus sind voll funktionstüchtig und dabei ausgesprochen dekorativ. Das Haus vereint familiäre Behaglichkeit mit den Annehmlichkeiten eines höchst eleganten Lebensstils.

Eine Mischung von Antiquitäten aus dem 18., 19. und frühen 20. Jahrhundert aus Amerika, Italien und England ist geschmackvoll arrangiert, fehlende Teppiche lassen Haus und Mobiliar jedoch weniger formell erscheinen. Im Schlafzimmer der Hausherrin flankieren zwei Stühle im Louis-Seize-Stil einen runden Tisch, wirken aber nicht protzig, sondern einfach gemütlich. Gardner hat durch den geschickten Einsatz von Farbe in jedem Raum ein spezielles Ambiente geschaffen. Im Winteresszimmer herrschen warme Farben vor: Die Wände sind terracottafarben gestrichen, der Kamin hat eine Holzeinfassung und eine Öffnung in Delfter Blau. Die Wände in der Bibliothek sind sattgrün, und um den Kamin stehen unterschiedliche amerikanische Ohrensessel aus dem 19. Jahrhundert und ein englischer Ladderback Chair. Stilistisch gehört nichts davon zusammen, dafür verschmilzt die eklektische Stuhlsammlung durch einheitliche Polsterbezüge dennoch zu einer harmonischen Gruppe.

LINKS Gardner findet, da, wo sich Kinder aufhielten, sollte es auch Dinge geben, die ihre Neugier erregen. Auf den Treppenabsatz zum ersten Stock hat sie eine Arztwaage aus dem 19. Jahrhundert gestellt. »Sie steht da, damit die Kinder sich wiegen und feststellen können, wie groß sie sind«, erklärt sie. An den Wänden hängen Farblithographien von Indianern. Sie sind so alt wie das Haus und wurden von europäischen Künstlern für eine Buchveröffentlichung angefertigt.

LINKS UNTEN Als Ainslie Gardner die neuen Bäder entwarf, ließ sie wie hier im Gästebad im Parterre alte Armaturen installieren. Das Becken mit Säulenfuß verleiht diesem ruhigen Bereich einen Hauch von Eleganz.

RECHTS Das Haus hat zwei Esszimmer. Der Sommerspeiseraum ist sehr geräumig und bietet großen Gesellschaften Platz. Das sehr viel kleinere Zimmer mit dem blauen Kamin ist das intimere Winteresszimmer und dient gleichzeitig als Wohnzimmer. Die Holzfußböden wurden frei gelassen, um das Haus so staubfrei wie möglich zu halten, besonders wichtig für Gardners asthmakrankes Enkelkind. Auf den nackten Böden lässt sich im Sommer aber auch besser barfuß laufen, und sie machen die elegante Behausung gemütlicher.

Ronald Lee Fleming, Architekt in Cambridge, Massachusetts, besitzt ein Haus im Stil des Federal Revival aus dem Jahr 1910 in der Bellevue Avenue in Newport, Rhode Island. Entworfen wurde es von Ogden Codman jr., der 1897 zusammen mit Edith Wharton *The Decoration of Houses* schrieb.

Fleming ist der dritte Besitzer des imposanten Hauses mit Rotunde, spektakulärer gewendelter Treppe und zehn Schlafzimmern. Das Gebäude hat jedoch trotz seiner Größe die Proportionen eines Wohnhauses. »Codman verstand sich meisterhaft darauf, die Proportionen umzusetzen, die er in Frankreich, England und Amerika vermessen hatte, und die Elemente auf einen Maßstab zu übertragen, der den Charakter eines Wohnhauses nicht zerstört«, meint Fleming, ehemaliges Vorstandsmitglied der Society for the Preservation of New England Antiquities.

IM GROSSEN MASSSTAB

Das zweistöckige Holzhaus ist repräsentativ und dennoch luftig, voller Licht und Leben. Man tritt ein durch eine von Säulen flankierte Tür und ist sofort mitten im Geschehen. Über die Schwelle gelangt man in eine runde Eingangshalle, betritt ein ornamentales Marmormosaik und schaut nach oben in die Rotunde, deren Konturen eine filigrane Treppe nachzeichnen. Das dekorative Stuckmuster der Wände wiederholt sich in der Holzschnitzerei der Stühle, die die Türen flankieren.

Eine Bogentür mit Holzpaneelen führt ins Wohnzimmer, dessen Erkerfenster nach Süden gehen, mit Blick auf den Rasen und einen Springbrunnen. Zwei Glasanbauten, von Ronald Fleming gern »Lichtboxen« genannt, flankieren das Wohnzimmer, so dass ins ganze Haus Licht fällt.

Da die Sommer feucht sind, sorgte Codman für gute Lüftungsmöglichkeiten. Über dem Eingang befindet sich ein Fächerfenster, in einer anderen Tür zur Halle sitzt oben ein Fenster mit verschnörkelter Metallverzierung; beide lassen sich zum Lüften aufklappen. Codman war ein pragmatischer Architekt; »er verstand etwas vom Wetter«, sagt Fleming, »und er hatte sehr viel Sinn für praktische technische Details. Sämtliche Rohre und elektrische Drähte stecken im Keller in größeren Röhren, damit man keine Wände aufbrechen muss. Das ganze Haus hat Umluftheizung, damit war er damals auf dem neuesten Stand der Technik.«

In allen Schlafzimmern finden sich als Blickschutz Gardinen vor den raumhohen Fenstern, Kamine wegen der Behaglichkeit und Chaiselongues, auf denen man es sich gemütlich machen und lesen kann.

LINKS Jedes Zimmer im Haus zeugt von Codmans Designstil. In Sachen »Angemessenheit« ließ er nicht mit sich reden: Er hätte niemals ein solches großes Gemälde aus dem 18. Jahrhundert in seinem Rahmen mit gebrochenem Giebel vor einen gemusterten Hintergrund gehängt. »Das Nebeneinander von Mustern ist immer ein Fehler«, befand er.

RECHTS Codman war ein Befürworter von Symmetrie: In diesem hocheleganten Schlafzimmer stört nichts das Auge. Laut Codman war der Kamin das Herdfeuer und deshalb logischerweise der Platz, an dem die Menschen sich versammeln. Chaiselongue und Leselampe stehen am naheliegendsten, einladendsten Platz: in der Ecke, im vollen Tageslicht. Wenn er einen Raum wie diesen mit Sims und Kaminaufbau entwarf, sollten die restlichen Wände einfarbig gestrichen und nicht verziert werden. Codman setzte um, was er und Edith Wharton in ihrem 1897 veröffentlichten Buch *The Decoration of Houses* gepredigt hatten.

Cam und Gardiner Dutton stammen aus Nantucket. Gardiner Dutton war früher im Vorstand zweier Firmen in Phoenix, Arizona, tätig; seine Frau Cam arbeitete als Psychologin in einem Krankenhaus. Jetzt handeln sie in ihrem Geschäft Nantucket Country mit Antiquitäten, überwiegend amerikanischen Quilts, Möbeln und dekorativen Objekten aus dem 18. und 19. Jahrhundert. Früher verbrachten sie die Sommer in Nantucket, auf der Flucht vor den 45° heißen Sommern in Arizona. Schließlich zogen sie ganz auf die Insel und kauften 1982 ein Haus aus dem 19. Jahrhundert, das einmal einem Quäker gehört hatte.

Gardiner hat schon immer Kunst gesammelt, Cam schon immer Antiquitäten. Im Mittelpunkt ihrer Sammlungen (und ihres Hauses) stehen Americana, bisweilen ausschließlich aus Nantucket. Möbel und Objekte passen zu den kleinen Fenstern und kleinen Zimmern ihres Hauses. Quä-

LEBENDIGE GESCHICHTE

ker stellten seit Beginn des 18. Jahrhunderts die größte Religionsgruppe. Die Duttons haben das Haus ungefähr so möbliert, wie es in den 1850ern ausgesehen haben könnte. Die meisten Böden sind aus naturbelassenem Holz; der im Wohnzimmer trägt hingegen ein blau-graues Sprenkelmuster, ein seit dem Niedergang der Walindustrie Ende des 19. Jahrhunderts verbreiteter Anstrich in Nantucket. Die Menschen strichen die Böden mit Bootslack und versiegelten sie dann. »Das war der Teppich der armen Leute«, sagt Cam.

Im ganzen Haus hat Cam Dutton Stücke aus ihrer umfangreichen Quiltsammlung verteilt. Die Quilts erfüllen einen doppelten Zweck: Sie sind Volkskunst mit praktischem Wert.

Wie viele Neuengländer ist Cam Dutton verliebt in alte bemalte Möbel und schafft Stücke nur deshalb an, weil ihr die Patina gefällt. Im Wohnzimmer steht eine alte Farmbank aus den 1840er Jahren, die gleichzeitig als Couchtisch dient. Sie hat sie wegen der Farbe gekauft: »Fast ein tiefes Rotkehlchenei-Blau«, meint sie. Die Duttons haben ein ländliches Ambiente geschaffen, eine Mischung aus Familienmöbeln, Antiquitäten und neuen Sesseln und Sofas mit starkfarbigen Bezügen. Ein Wandgemälde an der Treppe, eine Dschunke im Hafen von Kanton, gaben sie bei Kolene Spicher in Auftrag, einer Volkskünstlerin in Pennsylvania. Zwar hat die Exotik amerikanischer Expeditionen im Haus der Duttons ihre Spuren hinterlassen, im Grunde ist es aber doch ein amerikanisches Landhaus: Vor der Eingangstür weht die amerikanische Flagge.

RECHTS OBEN »Ich wollte eigentlich nie Innenarchitektin sein«, meint Cam Dutton. »Ich mag keinen abgehobenen Look. Ich besitze Familienmöbel, und wir werden das irgendwie mischen.« Dieses Ensemble aus leicht disparaten Objekten ist der beste Beweis. Korb und Gläser hängen wie zufällig über einem spindelbeinigen Schwein und einem dicken weißen Huhn.

RECHTS UNTEN Eine der vielen Sammlungen von Cam Dutton: Teigrollen aus England und den USA, die sie lässig mit Hilfe von fester Kordel arrangiert hat. Die gesamte Familie Dutton kocht gern; ihr Sohn Jeffrey und seine Frau Shari sind beide Köche und führen das Lokal »The Daily Breads« in Nantucket, und Cam selbst sammelt besonders gern die Werkzeuge ihrer Leidenschaft.

RECHTS Das Schild mit der Aufschrift »Beloved« hat eine interessante Geschichte. »Es ist ein antikes Heckbrett, wie man sie auf Schiffen hatte, und die Leute haben sie als Namensschilder für ihre Häuser verwendet«, erläutert Cam Dutton. Ihr Mann hat ihr das Schild geschenkt, erzählt sie, »weil er wusste, wie sehr ich die Insel liebe«. Über den baumelnden Teigrollen hängen weitere Stücke quer an der Wand. Der runde Kieferntisch stammt aus dem 19. Jahrhundert, die Stühle dagegen sind neu. »Es sind neue Kopien alter Shakerstühle«, sagt Cam Dutton. Ihre Leidenschaft für Antiquitäten macht vor Stühlen halt. »Ich nehme lieber neue Stühle, sie sind dem täglichen Gebrauch besser gewachsen«, erklärt sie. »Alte Stühle sind wackelig – einem Gast ist mal einer zusammengebrochen.« Kommt ihnen doch ein alter Stuhl ins Haus, dann wird er ausschließlich zu dekorativen Zwecken genutzt.

Als der Anwalt Jeffrey Naftulin und seine Frau Judy, Antiquitätenhändlerin und Innenarchitektin, ein Grundstück auf Chappaquiddick, Massachusetts, erwarben, nahmen sie sich vor, dort Altes und Neues miteinander zu kombinieren. Das moderne, zurückhaltende Sommerhaus mit Blick auf den Nantucket Sound ist mit Stücken aus dem 18. bis zum frühen 20. Jahrhundert möbliert. Das Paar beauftragte Mark Hutker, einen Architekten aus dem nahegelegenen Vineyard Haven, entsprechend einem der meistverbreiteten Baustile Neuenglands ein Haus mit Zedernschindeln und mit zwei durch einen offenen Durchgang verbundenen Einzelflügeln zu entwerfen.

»Es sollte Teil der Landschaft sein und nah am Boden bleiben«, erklärt Judy Naftulin. Um die Natur ins Haus zu holen, ließ sie den Architekten in einigen Zimmern raumhohe Fenster einbauen. Eine riesige Veranda lockt

MODERNER KLASSIKER

LINKS Das mit Zedernschindeln gedeckte Haus von 1996 duckt sich tief in die Landschaft von Chappaquiddick, einer Insel vor Martha's Vineyard. Es ist unauffällig, selbst das Dach hat nur eine leicht Schrägung. Die Naftulins lassen das Gras bewusst wild wachsen, weil sie keine große Lust verspüren, den Rasen regelmäßig zu mähen.

RECHTS Ein Blick vom Balkon des Hauses auf den Nantucket Sound und den Privatweg der Naftulins zum Wasser, wo sie schwimmen, segeln und Muscheln sammeln. Die beiden Bänke an der Hochwassergrenze mit den schlichten Geländern sind ein Entwurf von Mark Hutker.

ins Freie. Die Familie kann vor dem Haus segeln, schwimmen, Muscheln sammeln und windsurfen.

Judy Naftulin verwendet für Innendekorationen möglichst wenig Farbe. »Ich wollte eine ganz neutrale, beruhigende, kühle Umgebung«, sagt sie. Vor den weißen Wänden hat sie ihre Sammlungen arrangiert, ausgewählt nicht nach Alter und Herkunft, sondern nach Form, Struktur und Farbe. In einem sonnendurchfluteten, fenstergesäumten Flur schuf Naftulin ein Tableau aus zwei französischen Clubsesseln aus den 1930er Jahren mit braunem Lederbezug neben dem Gemälde eines Künstlers aus der Schule von Woodstock, New York. Ein 100 Jahre alter Terracotta-Öltopf, weiß vom Alter, ruht auf einem Ständer. Der von Fenstern umrahmte Essbereich geht auf den Nantucket Sound hinaus. Der runde Tisch stammt aus dem 19. Jahrhundert, hat Klauenfüße und ist weiß gestrichen. Naftulin geht mit Antiquitäten häufig recht unkonventionell um und gestaltet sie mit Mitteln der Improvisation etwas praktischer und moderner. In der Küche schraubte sie eiserne Rollen unter einen französischen Backtisch, um ihn auf die richtige Arbeitshöhe zu bringen. Einen englischen Feldtisch aus dem 19. Jahrhundert wollte sie als Schreibtisch benutzen und setzte deshalb eine praktische Schublade darunter. An der Wand über dem Schreibtisch hängt eine Sammlung von Fischtaschen. »Sie stammen aus Morecambe, einer Stadt in England«, erzählt sie, »und wurden für Werbezwecke benutzt. Man hat den Fisch in Zeitung gewickelt und dann in Strohtaschen gepackt.« Jetzt steckt statt Fisch Post in den Taschen.

LINKS OBEN Judy Naftulin, Antiquitätenhändlerin und Innenarchitektin zugleich, kümmerte sich um die Einrichtung. Das Innere des Hauses ist zwar sehr modern, mit einem sechs Meter hohen Wohnzimmer und raumhohen Fenstern, aber Naftulin hat Objekte aus verschiedenen Epochen frei und großzügig kombiniert. Der Kamin wird von kannelierten Holzsäulen flankiert, die früher zu einer Villa in den Südstaaten aus dem 19. Jahrhundert gehörten. Abgebeizt zeigen sie ihre zartgoldene Patina.

LINKS UNTEN Judy Naftulin spielt gerne mit Antiquitäten und scheut auch keine Zweckentfremdung. Einen klauenfüßigen Eichentisch aus dem 19. Jahrhundert hat sie weiß gestrichen, so dass der Essbereich in der Ecke im Sonnenlicht leuchtet. Der Tisch hat Zusatzplatten, ebenfalls weiß gestrichen, und lässt sich ausziehen.

RECHTS Die meisten Menschen bringen ihre Boote im Winter ins Trockendock. Die Naftulins haben ihres – eine Kopie aus den 1970er Jahren nach einem historischen Bootstyp aus Maine – auf den Kopf gestellt und mit Hilfe von stählernen Stangen an die Decke gehängt. »Es stellt eine Verbindung zwischen Decke und Boden her«, erklärt Judy Naftulin. Die Naftulins segeln zwar, dieses Kanu benutzen sie jedoch nie – es ist ein reines Dekorationsstück. Das Klavier dagegen wird benutzt; Judy und auch ihre jüngere Tochter spielen darauf.

LINKS UND RECHTS Im völlig weißen Haus der Naftulins gibt es überall natürliche Strukturen. Durch die lässig arrangierten Bambusrollos fallen unregelmäßige Sonnenstrahlen in den Kochbereich. Vom Küchenfenster schaut man in den Kräuter- und Schnittblumengarten; dort wachsen Oregano und Thymian, Hagebutten und Cosmeen, Sonnenblumen und wilder Kerbel. Der stabile Arbeitstisch stammt aus einer französischen Bäckerei. Da Naftulin mit Antiquitäten nicht so ehrfurchtsvoll umgeht wie andere Menschen, hat sie auch kein Problem damit gehabt, eiserne Rollen unter die Tischbeine zu schrauben, um den Tisch auf die richtige Arbeitshöhe zu bringen. Am Feldtisch aus dem 19. Jahrhundert, ihrem Schreibtisch, brachte sie überdies eine Schublade an.

LINKS Im Gästezimmer ragt neben dem Bett das niederländische Porträt eines Herrn aus dem 18. Jahrhundert drohend auf. Judy Naftulin genießt es, überhaupt nichts über seine Herkunft zu wissen; es regt sie zu Spekulationen darüber an, wer und was der Porträtierte war und wie er gelebt hat. »Ich liebe düstere, grüblerische Porträts«, sagt sie, »und ich spiele das gegen den modernen Hintergrund aus. Ich mag Altes und Neues.«

RECHTS OBEN Judy Naftulin hat kein passendes Bild für die kahle Wand im Gästebad gefunden. Also improvisierte sie und hängte dort farblich miteinander harmonierende Teller aus Frankreich auf; sie variieren von blassem Creme bis zu Braun und Weiß.

RECHTS UNTEN Für das Gästezimmer wurde eine gedämpfte, beruhigende Palette von Türkis, Beige und Weiß gewählt. Die Kissen sind mit robustem Baumwolldrell bezogen, der Quilt am Fußende ist alt. In diesem Raum herrscht Symmetrie vor. Die beiden verstellbaren Leselampen sind direkt an der Wand angeschlossen, und zwei Nachttische in bequemer Griffweite rahmen das Bett ein.

LINKS Im ans Schlafzimmer grenzenden Bad kann man sich Seite an Seite waschen: Doppelwaschbecken, Doppelspiegel, Doppelstauraum. Da der Boden aus Holz besteht und nicht, wie sonst üblich, gefliest ist, »kann man barfuß herumlaufen« und muss nicht fürchten, auszurutschen und sich das Genick zu brechen, erklärt Judy Naftulin.

RECHTS Im Schlafzimmer wurde das Bett als selbstständige Möbelinsel gestaltet, die zum Schlafen, Lesen und als Stauraum dient. Was aussieht wie das Kopfteil, ist in Wirklichkeit ein breiter, halbhoher Schrank mit eingebauten Wäscheschubladen. Darauf bewacht ein geschnitzter Schwan, ein Lockvogel, eine eigenwillige Mörsersammlung. Eine Fortuny-Lampe, den Schirmlampen von Fotografen nachempfunden, steht in der Zimmerecke, ein großer schwarzer Punkt vor den weißen Wänden. Durch die Bambusrollos wirkt das Zimmer immer hell und luftig.

Constanze von Unruh, eine deutsche Innenarchitektin, die im Sommer in Nantucket lebt, hat einen unverkennbaren eigenen Stil. Ob sie nun mit Antiquitäten, neuen Stoffen oder modernen Stühlen arbeitet – ihre modernistische Handschrift ist immer sofort zu erkennen: großer Maßstab, reine Linien. Funktionalität ist selbstverständlich, Licht und Luft gibt es im Überfluss. »Ich mag klare Aussagen«, erklärt sie, »dazu einige wenige alberne, verrückte Sachen, sonst wirkt es nur aufdringlich.« Ihr Haus in Nantucket aus den 1980er Jahren ist ein luftiges 280-qm-Gebäude, das großzügig ausgestattet ist und in dem man dennoch einen Hauch von Shaker-Schlichtheit spürt.

»Bei diesem Haus ging es mir darum, innerhalb einer Nantucket-Siedlung Privatsphäre zu schaffen«, sagt sie. Die Bauvorschriften sind streng, und Hausbesitzer dürfen die Wohnfläche nicht einfach vergrößern.

COOL COUNTRY

LINKS In der Küche trifft sich die ganze Familie; dort kochen von Unruh, ihr Mann und ihre Kinder. Die Decke ist am höchsten Punkt über fünf Meter hoch, so dass der 2,40 m hohe französische Kiefernschrank bequem in den Raum passt. Der Esstisch ist ebenfalls aus Kiefer, daran stehen Lloyd Loom Chairs.

RECHTS Von Unruh umgibt sich gern mit sinnlichen Texturen, von Raffia über Horn bis zu Binsen. Sie mag aber auch alberne Momente. Auf einem Treppenabsatz hat sie Mickymaus-Kegelfiguren wie zum Schwätzchen zusammengestellt.

Deshalb teilte von Unruh das Haus in Gemeinschaftszonen – Wohnzimmer, Küche, Veranda und Hof – und den privaten Bereich, nämlich die Schlafzimmer im ersten Stock. Zwar ist das gesamte Hausinnere weiß gestrichen, aber durch unterschiedliche Oberflächen, darunter Rigipswände, Täfelung und strukturiertes Holz, entstehen Textur, Schatten und Tiefe. Die gebleichten Böden heben das Weiß des Hauses hervor und erinnern gleichzeitig an den Strand.

Textur gehört ebenfalls zu von Unruhs Markenzeichen. Einen von ihr entworfenen Raffiastoff drapierte sie über einen schlichten Holztisch. Im Wohnzimmer sind ein Sofa und ein Sessel mit rot-weißem Streifenstoff von Ralph Lauren bezogen. Auf einem der Sofas liegt ein wunderschöner französischer Quilt vom Anfang des 20. Jahrhunderts, ebenfalls rot-weiß. Das Rot, ein Farbtupfer im rein weißen Interieur, wirkt frisch und freundlich. Kühles Nordlicht fällt durch die hinteren Fenster; das Rot, meint sie, »bringt etwas Feuer ins Haus«. Zur Verstärkung des Nordlichts hat von Unruh hauchdünne Organzagardinen aufgehängt, die adrett vor den Fenstern flattern. Eine verspieltere Note entsteht durch drei rein dekorative Raffiaquasten, die an der Gardinenstange hängen.

Die Küche steht im Mittelpunkt des Familienlebens, und alles darin ist groß. Die Decke der ehemaligen Garage ist über fünf Meter hoch, zufällig gerade die richtige Höhe für den französischen Schrank. Er stammt möglicherweise aus einem Internat, jetzt aber haben darin sämtliches Geschirr, Tischwäsche und Besteck Platz.

LINKS OBEN Von Unruh hat keine Angst vor Farben. Dem kühlen Weiß des geräumigen Wohnzimmers hat sie einen Schuss leuchtendes Rot verpasst. Sofa und Sessel sind mit einem rot-weißen Baumwollstoff von Ralph Lauren bezogen, über dem Sofa liegt außerdem ein rot-weißer französischer Quilt vom Anfang des 20. Jahrhunderts. »Das Rot bringt Leben in den Raum«, erklärt sie. »Das Zimmer bekommt nicht sehr viel Licht, denn von hinten fällt Nordlicht herein, und vorne liegt die Veranda davor.«

LINKS UNTEN Der weiße Aga-Herd brennt 24 Stunden am Tag, selbst im Sommer. »Auf der Insel ist es im Sommer sehr feucht«, erklärt von Unruh. »Damit das Haus einigermaßen trocken bleibt, muss der Aga Hitze abstrahlen, die Luft erwärmen und die Feuchtigkeit abhalten.« Der Herd hat geräumige Backöfen, in denen geschmort und gebacken wird. Und wenn die Temperatur sinkt, zum Beispiel in Sommernächten, kann man, an den Herd gelehnt, ein Glas Wein trinken.

RECHTS Von Unruh hat Tom Dixons Binsen-Freischwinger wegen seiner Textur und skulpturalen Form ausgesucht und ihn zu einem französischen Holztisch unbekannter Herkunft gestellt. Einen weiteren leichten Akzent setzt der weiße Schutzbezug für den Sessel – von Unruhs Entwurf wird hinten mit Bändern und Hornknöpfen geschlossen, was so wirkt, als trüge der Sessel ein Korsett.

In der Gegend von Maine, in der Mallory Marshall und ihre Familie den Sommer verbringen, gibt es keine Kneipen, Restaurants oder Kinos, erzählt sie. »Maine stößt die Menschen ab, oder es akzeptiert sie«, erklärt die Innenarchitektin Marshall. »Glatt mag es nicht, geizig mag es nicht, neckisch mag es nicht.« Sie und ihren Mann Peter Haffenreffer, pensionierter Geschäftsführer einer Brauerei, mag es offenbar. Sie besitzen zwei Sommerhäuser auf einem Anwesen, das sogar einen eigenen Friedhof hat, und ein winziges, einstöckiges viktorianisches Cottage an der schmalsten Stelle der Insel, so dass das Haus auf beiden Seiten von Wasser umgeben ist. Dieses kleine Haus liebt Marshall am meisten. Es ist das persönlichere und intimere Haus, bestimmt für Wochenendgäste, für Freunde, die einen Roman schreiben wollen, und als Versteck für frisch Verliebte.

EIN SOMMERHAUS

LINKS Dies ist der verschnörkelte Eingang zu Marshalls viktorianischem Cottage aus dem 19. Jahrhundert in Maine. Das Haus dient als Gästehaus für Freunde, frisch Verheiratete und Schriftsteller, die sich zurückziehen wollen. Es ist überwiegend weiß gestrichen, einzige Ausnahme ist ein sanftes Grün, das die Farbe des Meers spiegelt.

RECHTS Das Haus steht an der schmalsten Stelle der Insel und ist vorn und hinten von Wasser umgeben. Aus fast allen Fenstern fällt der Blick aufs Meer. Die Veranda geht nach Osten; hier trinkt Marshall mit ihren Gästen jeden Morgen Kaffee.

Das Haus ist fast gänzlich weiß, innen wie außen. »In Neuengland geht der Blick nach draußen«, sagt Marshall. Die Natur verleiht Menschen, die allein leben, emotionale Kraft, »deshalb bilden die Zimmer den Hintergrund für das, was man draußen sieht«. Die Farben im Haus hat sie so ausgesucht, dass sich darin die Außenwelt spiegelt.

Jedes Zimmer hat sein eigenes romantisches Ambiente. Die abgeschirmte Veranda geht nach Osten, zum Wasser. In der zweiten Veranda schläft man hinter Glaswänden, eine dritte wurde zur Außendusche umgebaut, mit schlichten Zedernwänden und nach oben offen.

Der Geist der Schriftstellerin May Sarton ist im Haus allgegenwärtig. »Ich mag sie einfach«, sagt Marshall. »Ich bin immer zu ihren Vorträgen gegangen, und als sie vor etwa fünf Jahren starb, haben sie all ihre Sachen versteigert.« Auf der Auktion in Portland ersteigerte sie ein Taschentuch, ein winziges Erinnerungsstück, aber ihr Mann kaufte ihr, was sie sich wirklich wünschte – ein Porträt von May Sarton, das jetzt über dem Kamin hängt.

Der Rahmen des Hauses ist intim, und Marshall hat es elegant gestaltet. Als schlichten Eingang zum Cottage brachte sie ein kleines, weißes Weidentor an. In einem der Bäder steht ein Sessel, dessen Rückenlehne so geneigt ist, dass er ausschließlich der Entspannung dient. »So kann man sich mit jemandem unterhalten, der in der Badewanne sitzt«, meint Marshall. Dieses Haus fordert kein gesellschaftliches Zeremoniell. Es lädt ein zu Kontemplation und Träumerei und bietet Gelegenheiten für unkomplizierte Unterhaltungen.

LINKS OBEN Marshall hat ein Talent dafür, Objekte unbekannter Herkunft zu entdecken, zu restaurieren und die ungleichen Stücke durch weiße Anstriche oder Bezüge zu einer Einheit zu fügen. Den Schaukelstuhl hat sie irgendwann auf der Müllkippe gefunden. Vitrinenschrank und Tisch, hinter der Lattentür noch gerade zu sehen, gehören nicht zusammen und wurden einfach aufeinandergestellt.

LINKS UNTEN Das gedämpfte Grün der Eingangstür kehrt hier in Sessel- und Kissenbezügen wieder. Leitmotiv der Dekoration ist die Natur, versinnbildlicht durch Kiefernzapfen, die auf dem Sims überm Fenster und auf dem Schreibtisch aufgereiht stehen. An den Wänden hängen botanische Drucke.

RECHTS Als die Platte ihres Beistelltischs abbrach, nahm sich Marshall vor, eine neue zu machen. Sie sammelte Hunderte von Strandschnecken in allen Farben, die sie finden konnte, und klebte daraus eine ungewöhnliche Tischplatte. Als einmal eine Gruppe von kleinen Jungen im Haus war, schlug sie vor, sie sollten auch Strandschnecken sammeln und etwas daraus machen. Irgendwann schenkten sie ihr einen 1,20 m hohen Obelisken aus Strandschnecken.

The House Book

OBEN Marshall und ihr Teilhaber James Light malten auf die Treppe zum ersten Stock einen Läufer; ein gemalter Teppich mit Fischgrätmuster ziert den Boden der Veranda.

a long love, deepens with time
May Sarton · 19

LINKS Marshall ist Fan der Schriftstellerin May Sarton. Auf die Tagesdecke in ihrem Schlafzimmer hat sie eine Gedichtzeile von ihr gestickt: »Solitude, like a long love, deepens with time.« (Einsamkeit wird, wie eine lange Liebe, mit der Zeit tiefer.) Da sie weiß, dass ihr romantisches Cottage zu Faulheit verführt, hat Marshall einen Drahtkorb neben das Bett gehängt, den sie, wenn sie Gäste hat, mit Süßigkeiten füllt, damit der Gast den ganzen Tag im Bett bleiben kann, die Pralinen dabei stets in Griffweite.

RECHTS OBEN Am Fußende des Bettes hat Marshall ein kleines Tableau geschaffen: ein maritimes Bild zum Anschauen, ein Spiegel auf einer nicht dazu passenden Kommode und ein Stuhl mit Rüschenkissen. In diesem viktorianischen Cottage wirken eine Rüsche hier und eine Bahn Organza dort nicht deplatziert.

RECHTS UNTEN Ein Bad in diesem Zimmer könnte Stunden dauern. Die Wanne ist so hoch, das Fenster so niedrig, dass der Badende den Ozean sehen kann, und Marshall hat sogar an einen Sessel gedacht – für Menschen, die beim Baden gern Gesellschaft haben.

Der Ehemann »fand« das Haus, eine Scheune im englisch-holländischen Stil von 1830, auf einer Party. Er lernte einen Zeitungsmann kennen, dessen Hobby es war, nach alten Scheunen zu suchen, fragte ihn nach der größten, kaufte sie und versetzte sie von Manalapan, New Jersey, nach Martha's Vineyard, Massachusetts. Die Scheune steht in den rekonstruierten Umrissen ihrer Vorgängerin, die im Laufe der Jahre verfallen war und schließlich abgerissen wurde.

Was das Paar an seinem außergewöhnlichen Sommerhaus am meisten begeistert, ist die Lage. »Es steht auf dem Hügel mit Blick auf einen Teich und auf den Ozean«, sagt der Besitzer, der anonym bleiben möchte. Ungewöhnlich geformte Fenster – manche mit, andere ohne Sprossen – rahmen den Ausblick. Die rustikale Scheune ist streng durchkomponiert und mit jahrelang gesammelten Objekten möbliert, vor allem Stühlen aus dem

DIE GROSSE SCHEUNE

LINKS Der Besitzer sammelt Stühle aus dem 18. und 19. Jahrhundert. Hier schaut einer der Stühle nach Süden, der spektakulären Aussicht auf die Landschaft zugewandt. Die Scheune ist im typischen Neuengland-Stil möbliert; fast jedes Möbelstück ist alt und abgenutzt, und keins davon passt zum anderen.

RECHTS Eine Familie von gusseisernen Kaninchen sitzt auf dem Boden und bewundert die Aussicht aus einem der riesigen Fenster. Die Besitzer haben den Boden in einem hellen Blaugrau gestrichen; so entsteht eine sehr subtile Farbwirkung.

18. Jahrhundert. Die schlichte Architektur spricht für sich, und die karge, lässige Möblierung passt sich dem perfekt an. In dem riesigen, hohen Raum kommen die Möbel so zur Geltung, als sei jeder Stuhl, Tisch oder Wandschirm ein einzigartiges skulpturales Objekt. Das Ambiente des Hauses ist typischer Neuengland-Stil. Weniges ist neu. Nichts ist auffällig. Alles ist Understatement. Es geht nur um Volumen, Raum, kräftige Linien – und fast überhaupt nicht um Dekor.

Der Boden im Wohnbereich ist in einem blassen Blaugrau gestrichen, auf dem die Möbel fast zu schweben scheinen. In einem anderen Teil des Hauses bestehen die Dielen aus fast zehn Zentimeter dicken Brettern aus gelber Kiefer; sie lagen ursprünglich auf den Dächern von Strickmanufakturen im Connecticut Valley.

Das Speisezimmer bietet ein ungewöhnliches Tableau. Der Besitzer hat den Tisch für eine Geburtstagsparty angefertigt und mit einem Orientläufer und einer Glasplatte abgedeckt.

Auf einer Südveranda steht ein Stuhl aus geflochtenen Eichenbändern. In einem anderen Teil des Hauses stehen sich zwei Eckstühle mit gebogenen Lehnen gegenüber und schaffen eine gemütliche, intime Nische, einen Platz, an dem man Tee trinkt und die strahlende Sonne genießt, die durch die weißen Gardinen gefiltert wird.

Man sagt, Leif Eriksson hätte hier überwintert, diese Familie tut es ihm allerdings nicht gleich, denn der Winterwind ist schneidend. Dies ist ein Haus für den Sommer.

LINKS OBEN Die Familie fährt auf Martha's Vineyard einen Chrysler Windsor Highlander von 1950 mit einem Innenleben aus rotem Leder und Schottenkaro. Die klassischen Linien des Wagens scheinen mit der Landschaft zu verschmelzen. Das Land gehörte ursprünglich den Indianern, und man sagt, Leif Eriksson habe hier im 19. Jahrhundert überwintert.

LINKS UNTEN Auf der Veranda steht griffbereit ein Ständer für hölzerne Krocketschläger, die im Sommer gelegentlich benutzt werden. Die Eleganz des Spiels passt perfekt zum gediegenen Lebensstil auf dieser kleinen Insel.

RECHTS Die Scheune aus dem 19. Jahrhundert ist eigentlich eine Hangscheune, erklärt der Besitzer. »Wären die Fenster nicht da, könnte man darunter durchfahren, und auf der anderen Seite liegt sie sechs Meter höher.« Die Scheune, am Hang gebaut, ist von üppigem Grün umgeben; vom Haus weg führt ein Rosenpfad.

RECHTS Ein makellos weißes Fossil, das knapp einen Meter hohe Schulterblatt eines Finnwals, lehnt an der weiß gestrichenen Treppe – eine Studie Weiß in Weiß. Der blau gestrichene Boden unterstreicht die Reinheit des Knochens.

LINKS Der Besitzer baute diesen Tisch für eine Geburtstagsparty und deckte ihn mit einem Orientläufer und einer Glasplatte ab. Dazu stellte er eine Sammlung unterschiedlicher Stühle aus dem 18. und 19. Jahrhundert. An dem Tisch haben schon bis zu 32 Personen zum Essen Platz genommen.

RECHTS Beim Betreten der renovierten Scheune fällt der Blick unweigerlich zuerst auf die Balken im weiten, luftigen Raum. Die Besitzer haben verschiedene Wohnbereiche durch scheinbar zufällig platzierte Möbel voneinander abgehoben. Der blaugrau gestrichene Boden markiert einen Bereich. Ein Paravent dient als Begrenzung; dahinter schaffen ein paar Stühle eine intimere Atmosphäre. Der Boden im Eingangsbereich ist aus naturbelassenem Holz, das ursprünglich die Dächer von Strickmanufakturen im Connecticut Valley bedeckt hat. In einem der Räume sorgen cremefarbene Materialien für Intimität.

OBEN Tigerkatze Ruby schläft in einem blau gestrichenen Korbsessel in einer Ecke des großen Raums, nah am Fenster. Der sporadische Einsatz von Farbe wie hier beim blauen Sessel schafft im ansonsten streng möblierten Haus Akzente. Überwiegend dominiert jedoch der Raum, nicht das einzelne Möbelstück.

RECHTS Besonders reizvoll wirkt bei diesem Tableau die wiederkehrende Rechteckform. Das weiße Sofa scheint in der Raummitte zu schweben, beleuchtet und eingerahmt vom riesigen Fenster. Hier soll keine intime Atmosphäre entstehen; man möchte vielmehr die außergewöhnlichen Dimensionen der Scheune unterstreichen und genießen. Der leere Raum und die überwiegend neutralen Farben schaffen eine Atmosphäre der Ruhe.

UNTEN Als die Besitzer die 16 x 13 m große Scheune 1979 von New Jersey nach Martha's Vineyard versetzten, fügten sie einen L-förmigen Anbau von 16 x 8 m an. Obwohl die Scheune jetzt fast zu groß für sie ist, möchten sie wegen der Lage – oben auf einem Hügel, mit Meerblick aus fast allen Fenstern – ungern umziehen. Es gibt nur zwei andere Häuser in der Nähe, und der Panoramablick auf Landschaft, Wasser und Himmel ist nahezu ungetrübt.

Dieses Schindelhaus liegt so wunderschön, als wäre es schon ewig da, aber das ist eine Illusion. 1991 beauftragte Lucinda Lang den Architekten Jack Valerio, ihr ein Haus zu entwerfen, das der Sonne folgt. (Lang besitzt ein 400 ha großes Grundstück in einem Dorf in Maine und vermietet dort Sommerhäuser.) Wenn Lang morgens aufwacht, geht die Sonne über einem Stück Atlantik zwischen Mescungus Bay und Penobscot Bay auf. Aus ihrem Schlafzimmerfenster beobachtet sie, wie das Meer an die großen, schwarzen Felsen der Küste brandet.

Das Küchenfenster geht nach Westen, und wenn sie für sich, ihre Freunde und ihre drei Hunde das Abendessen zubereitet, sieht sie die Sonne über dem Garten untergehen. Die größten Fenster von Ess- und Wohnzimmer gehen nach Süden, direkt aufs Wasser. Bei Vollmond funkelt die See im silbernen Licht.

EINFACHES LEBEN

LINKS Der Haupteingang liegt nach Norden, so dass man beim Eintreten auf das Wasser zugeht, mit Blick nach Süden. Lucinda Lang hat sich ganz zum Neuengland-Stil bekehrt: »Ich interpretiere den Stil als ziemlich schlicht, mit alten Sachen aus der Region – lieber alt als neu«, erklärt sie. Das Paddel mit ihrem Namen verleiht der Veranda eine gewisse Persönlichkeit.

RECHTS Auf dem vorderen Rasen hat Lang eine Gruppe von weißen Adirondack Chairs mit Blick auf den Atlantik aufgestellt. Während des kurzen Sommers in Maine kochen sie und ihre Freunde hier im Freien.

Lang wuchs zwar in New Orleans auf, aber: »Ich habe mich mein Leben lang unwiderstehlich zu Neuengland hingezogen gefühlt.« Sie liebt es, sich auf dem Wasser aufzuhalten, liebt das einfache Leben in Maine, liebt es, Familienerbstücke mit Flohmarktfunden zu mischen. Sie genießt Gegenstände, seien es nun Bilder oder Kissen, die von Generation zu Generation vererbt wurden.

Im Sommer bezieht Lang die Sofas im Wohnzimmer mit weißen Schonbezügen – eine klassische Tradition in Neuengland. Im Winter nimmt sie sie ab, wobei der ursprüngliche dunkelgrüne Polsterstoff zum Vorschein kommt. Sie macht den Raum gemütlicher, indem sie viele Topfpflanzen auf den Fensterbrettern aufreiht und das Zimmer auf diese Weise in einen Wintergarten verwandelt. Extravagante Leinenvorhänge, blass gelbgrün auf der einen, taupefarben auf der anderen Seite, flankieren den Raum und halten das Haus in kalten Nächten warm. Tief über dem Couchtisch hängt ein Kronleuchter mit cremefarbenen Kerzen, bereit zum Anstecken.

In der Küche stehen lauter verschiedene Stühle, einige Familienstücke, andere vom Trödel, um einen alten Marmortisch, der sich seit Generationen in Familienbesitz befindet. Und überall im sonnendurchfluteten Haus finden sich Blumen aus dem Garten, der üppig mit violettem und blauem Rittersporn, rosa und weißen Cosmeen sowie roten, gelben und orangefarbenen Zinnien bepflanzt ist. Im Garten schaut man aus weißen Adirondack Chairs auf den Atlantik und die wilde Brandung.

LINKS »Schlichtes Design passt zu Neuengland«, erklärt Lang. Sie mag Fotografien und Zeichnungen und hat bei diesem Arrangement Erbstücke und Flohmarktfunde miteinander vermischt. Der Lampenfuß ist ein Familienstück, und die floralen Objekte aus Eisen waren ursprünglich Türstopper.

RECHTS Da das Haus nach dem Lauf der Sonne entworfen ist, geht die Küche nach Westen, und Lang kann den Sonnenuntergang betrachten, wenn sie mit der Zubereitung des Abendessens beginnt. Der alte Marmor-Esstisch ist ein Familienerbstück, das sie aus New Orleans mitgebracht hat. Die Stühle sind ein bunter Mix aus lauter verschiedenen Stücken, das einzig Gemeinsame ist ein dicker weißer Anstrich.

GANZ RECHTS Der Sommer in Maine ist nicht besonders heiß. Trotzdem stellt Lang immer einen Tisch und Stühle in den Durchgang, damit alle, die es nötig haben, vor der Sonne geschützt sind. Sie und ihre Freunde können von diesem Sitzplatz Krähen, Finken und Reisstärlinge auf dem Feld beobachten. Im Garten blühen Rittersporn, Hundsrosen, Zinnien und Cosmeen.

OBEN Draußen sieht man die
Silhouetten von Falken und
Krähen am Himmel und in den
Baumwipfeln. In Langs lichterfülltem
Wohnzimmer hockt diese typisch
unprätentiöse handgeschnitzte
Krähe auf einem Beistelltisch
und erinnert an die Schönheiten
der Natur.

Kenneth Noland
The Circle Paintings
1956–1963

Kenneth Noland: The Circle Paintings 1956–1963

LINKS Leuchtend rote Dahlien, frisch aus dem Garten gepflückt, schmücken und beleben einen alten Tisch, der zuvor abgebeizt worden ist.

RECHTS Das Wohnzimmer ist lichtdurchflutet. Im Winter verwandelt Lang den Raum vorübergehend in einen Wintergarten und stellt zahllose Geranientöpfe hinein. Sie teilt sich das Haus mit drei Hunden, die überall willkommen sind. Im Sommer dösen sie auf den weißen Schonbezügen der Sofas, auf dem bestickten Teppich in der Küche oder auf dem Hundebett im Schlafzimmer.

Geo. Davis hat sein Haus in Nantucket nach dem Sonnenlauf ausgerichtet, mit Blick nach draußen. Die Sonne sollte in der Küche auf- und im Sonnenzimmer untergehen. Sobald der Bau fertig war, strich er den Hintergrund komplett weiß – es gibt kaum ein Fleckchen Farbe im Haus. Die Natur soll im Mittelpunkt stehen, das einfallende Licht die Wände kolorieren. Jede andere Farbe als Weiß hätte der Aussicht und dem Garten Konkurrenz gemacht. Davis sagt: »Weiß lässt alle Farben herein. Vorgestern Abend war der Sonnenuntergang orange und violett, er hat alle Wände eingefärbt, die Flügeltüren und die Fensterläden.«

Fast alle Möbelstücke im Haus sind aus abgebeiztem Holz, so dass die natürliche, häufig blonde Tönung zu Tage tritt. »Ich liebe Naturholz ohne Lack«, meint der Innenarchitekt und Antiquitätenhändler Davis. »Ich mag ausgefallene Möbel, englische und französische Stücke aus dem

WEISS IN WEISS

LINKS Vom Bett aus blickt Davis durch die Glastüren über die Veranda und nach Norden aufs Wasser. Alles im Zimmer ist groß, wie der Falke, der von seinem Platz an der Wand abzuheben scheint – Galionsfigur einer amerikanischen Jacht, die in den 1920er Jahren im Mittelmeer sank. Der Schreibtisch aus den 1860er Jahren ist aus imitiertem Bambus.

RECHTS Dies ist ein Paradebeispiel für Davis' Kunst. Boden und Wände sind kahl und schaffen einen neutralen Hintergrund für den marmornen Frauentorso aus dem 19. Jahrhundert, den das durch die Lamellen einfallende Sonnenlicht sanft beleuchtet.

19. Jahrhundert, und ich mag Weiß, Weiß, Weiß.« Sein Haus, ein 1994 im Stil eines Farmhauses aus dem 19. Jahrhundert erbautes Schindelgebäude, spiegelt seine Leidenschaften wider. Das Innere ist komplett weiß, und in jedem Raum gibt es mindestens ein ausdrucksstarkes, überdimensionales Möbelstück – einen hölzernen Kamin mit geschnitztem Aufbau, ein Wachhäuschen mit holzgeschnitztem Hirschkopf –, meist englischen oder französischen Ursprungs und meist aus hellem Holz.

Der rein weiße Hintergrund dient als Folie für die Möbelstücke; Auswahlkriterien sind die großen, kräftigen, skulpturalen Linien, Einzigartigkeit und Verzierungen. Dennoch ist er kein Minimalist. Davis liebt ausladende Gesten, extravagante Silhouetten und den exzentrischen Touch des Handgemachten. Ornamente und Dekorationen sind ihm wichtig.

Die Gästewohnung ist schwelgerisch ausgestattet. Im vollkommen weißen Schlafzimmer liegt auf dem französischen Eisenbett eine antike Tagesdecke, darüber eine neue weiße Decke als weiterer Wärmespender. Im Bad wiederholt sich sein Lieblingsthema: eine amerikanische Kiefernkommode mit einem überdimensionalen kieferngerahmten Spiegel darüber in einem – natürlich – weißen Raum.

Für Gäste, die gerne schreiben, hat Davis im Gang neben dem Schlafzimmer eine Schreibecke entworfen und Tisch, Schreibtisch und den amerikanisch-viktorianischen Bugholz-Korbgeflecht-Stuhl weiß gestrichen. Er hat den ungenutzten Raum in ein sonniges Refugium verwandelt und durch Pflanzen aufgelockert.

LINKS Das graue Schindelhaus ist im Stil eines Farmhauses aus dem 19. Jahrhundert erbaut, mit asymmetrischen Gauben und Dachvorsprüngen. Davis hat sich dafür entschieden, weil ihm die Lage gefiel, mit Blick auf Washing Pond und Nantucket Sound. In der windzerzausten Landschaft gedeihen keine hohen Bäume, aber sie zieht Vögel wie Reiher, Fischadler, Falken und Eulen an.

LINKS UNTEN Weiße Anstriche und schlanke Geländerstäbe bilden einen verblüffenden Kontrast zum naturfarbenen Holz und der ausdrucksstarken Pferdeskulptur, die das Treppenhaus bewacht.

RECHTS Den Mud Room hat Davis mit dorischen Säulen gerahmt – eine theatralische Geste, die diesen unscheinbaren Raum interessanter macht. Davis liebt es dramatisch und ornamental; die Wand zieren hier eigentlich nicht passende Teller mit Hundemotiven, am Boden stehen abgewetzte Stiefel und Mokassins ordentlich aufgereiht, und an der Garderobe hängen Regenjacken und Mützen.

LINKS Die Sonne fällt ins Wohnzimmer und beleuchtet die französischen Doppeltüren an der hinteren Wand. Diese Türen haben keine Funktion: Davis hat sie aus rein dekorativen Gründen angebracht. Ein halbes Kanu hat er zum Bücherregal umfunktioniert, wieder ein überdimensionaler Gegenstand, der den Blick nach oben lenkt. Der Kerzenständer am Fenster ist italienisch, stammt aus dem 18. Jahrhundert und stand ursprünglich in einer Kirche. Das Haus ist anders als die meisten in Neuengland – »Ich stecke die Sofas nicht in Schonbezüge«, sagt Davis und spielt damit auf den Brauch an, die Sofas im Sommer mit weißen Bezügen zu versehen und sie im Winter abzunehmen, wobei beispielsweise rubinroter Samt zum Vorschein kommt. »Weiß erinnert mich an warme Sachen. Ich bringe Weiß nicht mit Schnee in Verbindung.«

RECHTS Ganz gleich, ob der Blick nach drinnen oder draußen geht, Davis rahmt seine Aussicht gern ein. Selbst vom oberen Treppenabsatz gibt es anheimelnde häusliche Ausblicke nach unten. Einer geht auf die Leseecke neben dem Essbereich, eine unwiderstehliche Einladung selbst an unruhige Geister, sich hier niederzulassen. Ein englischer Schubkarren, ursprünglich für ein Kind gedacht, dient als unkonventionelles Behältnis für Bücher und Zeitschriften. Da der Sessel dicht am Kamin steht, mit einem Korb voll Holz und Anzündern daneben, verführt ein flackerndes Feuer an kalten Winterabenden erst recht zum Verweilen.

LINKS Die lichterfüllte Küche geht nach Osten; so kann Davis seinen Kaffee in der hellen Morgensonne zubereiten. In der geräumigen rein weißen Küche bleibt um die Kochinsel reichlich Platz für Hocker und einen Sessel. So können ihm die Freunde vorm Essen beim Gemüseputzen zuschauen. Die natürlichen Farben von Blumen, Früchten und dem Gemüse springen einem sofort ins Auge.

RECHTE SEITE Die Möbel in Davis' Esszimmer sind zusammengewürfelt, aber aufeinander abgestimmt. Jeden hellen Gegenstand schmücken ausladende Schnitzereien oder Ornamente. Den französischen Kiefernkamin krönen ein verzierter, geschnitzter Aufsatz und ein ovaler Spiegel. Die Stühle im französischen Stil, tatsächlich in Spanien geschnitzt, haben ovale Rückenlehnen mit Rohrgeflecht. Vereinzelt finden sich amerikanische Antiquitäten, zum Beispiel ein Schirmständer aus einem Baumstamm, um den sich Kletterpflanzen winden. Auch die weißen Blumen im hölzernen Eimer sind eine Reminiszenz an die Natur.

RECHTS Im Gang zum Gästezimmer hat Davis auf einem englischen Fabriktisch ein Tableau als Ode auf die weibliche Figur geschaffen. Eine Miniatur-Schneiderpuppe steht neben einer französischen Reitertasse in Form eines Frauenschuhs. Durch den Spiegel dahinter wirkt die kleine Ecke größer und heller und gewinnt durch das gespiegelte Tableau an Tiefe.

OBEN In einer Schlafzimmerecke steht ein etwas mitgenommenes Holzpferd. Davis hat es in Maine gekauft, und wenn er auch nicht seine Herkunft kennt, so weiß er doch, dass es früher ein nobleres Bild bot. »Es hatte einmal Lederohren und eine raue Borstenmähne«, erklärt er.

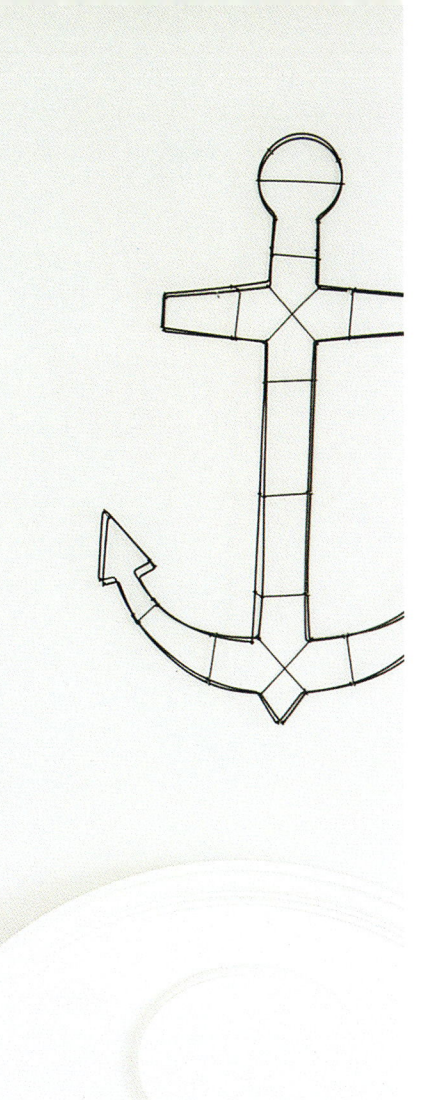

LINKS Norman Kemp ist Kunsthandwerker im englischen Bath, und seine Spezialität sind Möbel aus Ästen. Davis gab bei ihm dieses außergewöhnliche Astkabinett in Auftrag; die Zweige sind verschlungen wie bei einer echten Laube. An der Rückseite des obersten Fachs verarbeitete der Künstler die Zweige in Form eines Fächers. Der schwarze Drahtanker aus den 1920er Jahren ist laut Davis ein recht düsteres Artefakt. »Wenn ein Seemann auf See gestorben war, besteckten Floristen daheim solche Anker zur Beerdigung mit Blumen. Der Anker stand dann in der Kirche oder neben dem Grabstein.«

RECHTS OBEN Möbel aus Ästen der bodenständigen Art finden sich in einem der Bäder. Da solche Stühle nicht sonderlich bequem sind, hat Davis ein Kissen auf den Lattensitz gelegt. Ein Abfalleimer aus Birkenrinde ist die perfekte Ergänzung für Tisch und Stuhl aus Ästen.

RECHTS UNTEN Der Drahtfisch an der Decke unterstreicht die maritime Stimmung in diesem Wohnbereich. Auf der französischen Anrichte hat Davis ein kleines Meeresstillleben geschaffen: ein englisches Diorama mit Schiff und ein Anker; ein paar Muscheln runden das Bild ab.

IN DER
WILDNIS

Ross Anderson, Architekt aus Manhattan, seine Frau Nina Santisi, Filmproduzentin, und ihre gemeinsame Tochter, Eva, leben in einem Haus, das er ironisch »die Hütte« nennt. In bombastischeren Momenten bezeichnet er ihr 60-qm-Wochenendhaus als »Sommerhaus«. In Dummerston, Vermont, hat Anderson nach dem Modell einer Tabakscheune ein schlichtes Refugium für seine Familie entworfen. »Es ist ein geflochtener Korb mit abgeschirmter Veranda und Dachboden, Hundezimmer/Mud Room und einem winterfesten Teil mit Kinderzimmer und Wohnbereich«, erklärt Anderson. Wie man es auch nennen mag, es ist ein schlichtes und dabei höchst einfallsreiches Haus, das still auf einem 40 ha großen Grundstück steht und fast in der üppigen Landschaft von Vermont verschwindet. Es ist eine Kreuzung aus einer Tabakscheune des Connecticut River Valley und einem Wohnhaus. »Ich wollte die Grenze zwischen

DAS KORBHAUS

LINKS Das kleine Haus duckt sich unauffällig in 40 ha Hügellandschaft. Es ist in abgetöntem Schwarz gestrichen, um nicht von der Landschaft abzulenken. Der weiß gestrichene Teil ist die nicht winterfeste Schlafveranda, die nur im Sommer genutzt wird.

RECHTS Bei heißem Wetter öffnet Anderson die Schiebetüren, so dass im gesamten Haus ein Lüftchen geht. Der Essbereich kommt typisch lässig daher; um den Tisch vom Sperrmüll stehen Stuhlklassiker von Thonet und Charles Eames.

einem Wohn- und einem landwirtschaftlichen Gebäude verwischen«, sagt Anderson. »Es sollte nicht wie eine Scheune, aber auch nicht wie ein niedliches kleines Haus aussehen.«

Tabakscheunen haben verstellbare Läden, damit sich die Temperatur regulieren lässt und der Tabak richtig trocknet. Anderson übersetzte die Läden in raumhohe Schiebetüren auf beiden Seiten des Hauses, die die Temperatur regeln. Stehen die Türen offen, wird das ganze Haus durchlüftet. An einigen Wänden wechseln waagerechte Holzlatten mit Fiberglasstreifen ab, so dass das Haus teilweise durchscheinend wirkt. »Nachts leuchtet es sanft wie eine Papierlaterne im Wald«, erzählt er.

»Das klassische Haus in Vermont hat weiße Schindeln und senkrechte Latten«, beschreibt der Architekt. Er hat die Kiefernbretter am winterfesten Teil des Hauses schwarz gebeizt, die Veranda aber weiß gestrichen. »Das Schwarz lässt die Landschaft mit Ahornbäumen, Birken und Eschen hervortreten.« Als das Paar 1989 das Grundstück kaufte, ließen sie eine Straße bauen, räumten die Wiesen, legten den Teich und die mit Holz beheizte Badewanne an und begannen mit dem Hausbau. Die aufragende Plattform wurde 1992 gebaut, das Haus in den folgenden zwei Jahren; der winterfeste Teil (Küche und Wohnbereich) kam auf die Plattform, die abgeschirmte Schlafveranda nach hinten, eingebettet in einen moosbedeckten Felsvorsprung. Eines Tages wird das Haus auch ein richtiges Badezimmer, Scheune und Sauna bekommen (vorerst gibt es nur das Nötigste – Badewanne und Außentoilette).

LINKS Häuser mit einer Größe von über 600 qm besitzen einen separaten »Mud Room« für Wintermäntel und Stiefel. Dieses Haus ist so klein, dass nur Platz für eine »Mud Corner« bleibt. Die an die Holzbank gelehnten Ruder zeigen, dass die ganze Familie überwiegend im Freien lebt.

LINKS UNTEN Das winzige Haus verfügt zwar nur über eine Außentoilette ohne Wasserspülung, die beiden Spiegel gewährleisten aber einen gewissen Komfort und befriedigen sogar die Eitelkeit – und die Waschgelegenheit ist zwar primitiv, hat aber Stil.

RECHTS Anderson baute Wände aus waagerechten Holzlatten, so dass der Wind durchs Haus und sogar um die Fenster streicht. Die Wände sind teilweise durchscheinend. Das Licht fällt in Streifen auf den Boden und den vom Architekten entworfenen Holzsessel. Anderson bezeichnet ihn als moderne Variante eines Adirondack Chair. Über den Drehstuhl hat er ein weißes Schaffell geworfen, das zur gemütlichen Atmosphäre beiträgt. Anderson erklärt, er fühle sich wie in einem Korb, wenn er in diesem Raum sitzt. Und nachts, wenn sie die Kerzen und Kerosinlampen anzünden, leuchtet das Haus von innen. Wände und Boden sind aus Kiefern der Region. »Das ist billig und einfach zu bekommen«, sagt Anderson. »Man ruft einfach den Mann vor Ort an.«

LINKS Eva schläft auf dem Dachboden; dieser ist nur über eine Leiter zu erreichen, ein privates Versteck über der Küche. Der Raum wird von einem gotischen Eingang gerahmt, von einem Dachfenster beleuchtet, und bietet Platz für zwei Futons, damit sie am Wochenende eine Freundin mitbringen kann. Am Eingang sieht man einen Sessel von Charles Eames und einen romantischen, allerdings ziemlich unpraktischen Kronleuchter, dessen Arme und Kerzen so wirken, als kreisen sie in einer Umlaufbahn um die Messingkugel. Um ihn anzuzünden, muss Anderson jeden Abend vor dem Essen auf den Tisch klettern.

RECHTS Küche und Essecke liegen direkt unter Evas Schlafkoje. Um den Esstisch stehen hellgrün gebeizte Bugholzstühle von Marcel Breuer. Die Einbauschränke sind aus Birke, und der weiß emaillierte vierflammige Gasherd von der Jahrhundertwende funktioniert immer noch.

LINKS Eine Studie in Metall auf Metall. In einem Drahtkorb liegen zwei Babyköpfe aus Messingguss, vom Alter mitgenommen und grün angelaufen. Durch die abgewetzte Patina und die ausgehöhlten Gesichter bekommen sie etwas Unheimliches. Obwohl sie aus massivem Messing bestehen, wirken sie durch die Oxidation wie Totenschädel.

141

LINKS OBEN Ein einfaches Tableau aus Bilderrahmen bildet einen ungewöhnlichen Blickfang. Das rote Kreuz ist ein Geschenk des Grafikdesigners Tibor Kalman; er hat für das umstrittene Benetton-Magazin *Colors* gearbeitet, das sich mit Themen wie Aids befasste.

UNTEN Der arbeitsintensive Holzofen ist die einzige Heizquelle für das kleine Haus. Im Winter kann es so kalt werden, dass die Bewohner ihre Atemwolken sehen. Geschmückt mit Türmen glatter Kieselsteine und handgetöpferten Vasen wirkt der Ofen aber auch sehr dekorativ.

RECHTS Sonne und Ofen wärmen den Schlafbereich, ein doppeltes Kojenbett mit Bücherregalen an beiden Enden. Lichtstreifen fallen auf das Bett und den Kiefernboden. Schaffelldecken machen die Stühle weicher und behaglicher. Vorhänge braucht man in dieser abgelegenen Gegend nicht.

OBEN Die gefleckte Lockente aus den 1960er Jahren ähnelt der aus einem Comic. Sie sitzt am Fuß des Kojenbettes und sonnt sich. Ihr Charme besteht gerade darin, dass sie nicht sehr echt wirkt, als Lockvogel ist sie gerade deshalb aber wohl kaum zu gebrauchen.

Im Jahre 1991 gründeten John und Carolyn Grace, vormals Anwälte in Boston, The Atlantic Blanket Company auf Swans Island, Maine. Auf einer Insel mit 350 Einwohnern, sechs Meilen vor der Küste des Acadia National Park, haben die Graces eine Heimindustrie aufgebaut und produzieren handgefärbte und -gewebte reinwollene Decken.

Sie leben teils in einem großen, winterfesten Haus, das sie 1993 für ihre Webstühle bauten, teils in einem winzigen (90 qm) ehemaligen Schulhaus aus der Mitte des 19. Jahrhunderts. Einzige Heizquelle dort ist der Ofen in der Küche. Es ist eher als ein Sommerhaus und weniger als ein ständiger Wohnsitz geeignet. Als das große Haus fertig war, überlegten die Graces, was sie mit dem Schulhaus anfangen sollten. »Wir wollten nichts verändern«, erzählt Carolyn. »Wir wollten es nicht winterfest machen.« Also beließen sie es schließlich genau so, wie es ist und pendeln je nach Jahres-

HEIMINDUSTRIE

LINKS Die handgefärbten, handgewebten Wolldecken der Graces sind oft der wichtigste Blickfang im Raum, wie hier im Schlafzimmer im ersten Stock. Die Decken überzeugen durch grafische Ausdruckskraft, reine Linien und herrliche Farben. Das Blau der Decke entsteht durch Färben mit Indigopulver. Das zusammenklappbare hölzerne Feldbett ist weiß gestrichen, der Blick geht hinaus auf Mackerel Cove.

RECHTS Das Mitternachtsblau des vom Meer glattgeschliffenen Kiesels ergänzt das Indigo der leichten Sommerdecke. Die Graces färben nur mit Naturfarben.

zeit zwischen großem und kleinem Haus. Die Schlafzimmer im Sommerhaus sind immer noch für ihre vier Kinder reserviert, die häufig zu Besuch kommen.

Eine kleine Herde von elf Corriedale-Schafen grast auf dem Grundstück und steuert einen kleinen Teil der Wolle zur Deckenproduktion bei. Die restliche Rohwolle stammt von Shetland-, Columbia- und Corriedale-Schafen der Region. Eine Spinnerei auf der Insel verarbeitet die Wolle zu Garn, und die Graces fertigen, zusammen mit ortsansässigen Webern, die Decken von Hand auf Schiffchenwebstühlen. Die fertigen Stücke werden kunstvoll mit Seidenkanten eingefasst. Die Naturfarben der Decken bewegen sich zwischen Nebelgrau und Naturweiß, Dunkelbraun und Schwarz, meist sind sie jedoch mit natürlichen Farbstoffen handgefärbt, in Blaugrün, Indigoblau und Primelrosa. Carolyn stellt die Farben selbst her – aus Krappwurzel, Fruchtschalen des Osagedorns, Koschenilleläusen und Indigopulver. Die Decken selbst sind ein wesentliches Einrichtungselement im Haus der Graces und verleihen dem alten, schlichten Haus Wärme, grafische Ausdruckskraft und taktilen Reiz. Wie die Quilts der Amish im Pennsylvania des 19. Jahrhunderts sind sie nicht nur Beispiele feinster Handwerkskunst, sondern bieten auch starke visuelle Effekte. Die in großen Würfeln, Karos und Streifen gewebten Decken können einen Raum beherrschen und ergeben zusammen mit Blumen, Gemälden von Freunden und den Keramikgefäßen von Tochter Claire eine schlichte und trotzdem schöne Dekoration.

LINKS OBEN Das Schindelhaus aus dem 19. Jahrhundert wurde um 1850 erbaut und war ursprünglich ein Schulhaus auf Swans Island. Zu Beginn des 20. Jahrhunderts wurde es an den jetzigen Standort versetzt und erhielt einen Anbau. Die Graces bauten 1993 hinter dem Sommerhaus ein Winterhaus, in dem sie die kältesten Monate des Jahres verbringen.

LINKS UNTEN Die elf Corriedale-Schafe der Graces steuern nur einen kleinen Teil der Wolle für die Heimindustrie der Familie bei.

RECHTS Die Graces führen ein raues Leben; sie ertragen die bittere Kälte, den Schnee und die Stürme des Winters in Maine und die Abgeschiedenheit der Insel. Zwar haben sie elektrischen Strom, der mit Holz zu heizende Ofen ist aber die einzige Wärmequelle. Als 1993 bis 1994 das winterfeste Haus gebaut wurde, hockten sie meist in der Küche um den Ofen. Die Küche ist in ihrer Schlichtheit beinahe primitiv. Der hölzerne Backtisch lässt sich ausklappen und bietet dann Platz für die vier Kinder der Graces, die im Sommer zu Besuch kommen.

OBEN Manche Familien würden diesen Bereich – Heimat für Regenjacken und Gartenstiefel – als Mud Room bezeichnen. Nicht so die Graces. »Wir nennen es den hinteren Schuppen«, sagt Carolyn Grace. Im Abstellraum herrscht Ordnung, die jedoch nicht gezwungen oder künstlich wirkt.

UNTEN Das Schlafzimmer im Erdgeschoss bietet einen Panoramablick auf Toothacre Cove. Der Raum ist schlicht möbliert, die Farbe fast beiläufig eingesetzt. Die Wände sind schieferblau, sie nehmen damit einen Ton aus der sanften Palette auf, die auch bei den beiden Decken auffällt. Die braun-weiße Decke ist – kaum verwunderlich – aus naturbelassener, ungefärbter Wolle. Die Vorhänge wirken lässig und minimalistisch und lenken den Blick auf die dramatischeren Farben im Freien.

RECHTS OBEN In der Diele setzen die Graces Farben mit sparsamer, aber sicherer Hand ein. Sie strichen die Trittstufen und den Boden schiefergrau und stellten den Stuhl aus dem 18. Jahrhundert, ein Stück aus Johns Familie, auf einen wunderbaren handgewebten Teppich.

RECHTS UNTEN Die Graces führen zwar ein einfaches Leben auf dem Lande, weben aber Teppiche voller Klarheit und subtiler Raffinesse. Die Stücke weisen das gleiche klassische grafische Muster auf, wie es auch bei anderen amerikanischen Decken zu finden ist.

RECHTE SEITE In der Küche finden sich Familienerbstücke, die eher sentimentalen als materiellen Wert haben, sowie Kunstwerke von Freunden. Der große Sessel gegenüber der Tür zum Beispiel ist, wie Carolyn Grace erklärt, »einfach ein alter Sessel aus Johns Familie – vielleicht ein Plantagen- oder Decksessel«. Das verschwommene Gemälde stellt Cape Cod dar und stammt von einem Freund der Familie. Die blaue Vase hat Claire Grace gemacht, eine der vier Töchter der Familie, die sich unter anderem mit der Töpferei beschäftigt. Ein paar Erlenzweige stellen die Verbindung zur Natur her.

Hat Neuengland seine eigenen kolonialen Traditionen, so hat Richard Lee, Antiquitätenhändler und Künstler, sich seine eigene Mythologie erschaffen. Seine Arbeiten bestehen aus einer auf Glas gemalten surrealistischen Bildwelt. In seinem Werk gibt es Putten, denen Rosen aus dem Kopf wachsen, Mädchen, die sich Erdbeeren zuwerfen, und Hindu-Gottheiten mit riesigen Phalli. »Meine Arbeiten sind fantastisch überspannt«, sagt er. »So abgehoben, wie es nur irgend geht. Manche sehen Persisches, manche Chinesisches, manche Bosch. Ich habe den Leuten jahrelang erzählt, Bosch sei mein Großvater.«

Lee ist kein Neuling auf Martha's Vineyard. Er kam 1976 dorthin und fährt selten auf das Festland oder nach Nantucket. Zusammen mit Simon Hickman führt er die Kunst- und Möbelgalerie Chicamoo; Chicamoo ist ein Algonquin-Wort und bezeichnet die Bucht, durch die einst Heringe auf

EKLEKTISCHE KUNST

dem Weg zum Atlantik schwammen. Chicamoo verkauft reich geschnitzte viktorianische Möbel aus dem 19. Jahrhundert, Fundstücke von örtlichen Dachböden und aus Garagen. »Wenn man auf einer Insel lebt, wirft man nie etwas weg«, erklärt er. Die Möbel, die sie kaufen, werden von Hickman restauriert und von Lee bemalt, wobei er häufig sein Faible für alles Bunte unterdrückt und traditionelles Trompe l'œil wie falschen Marmor malt.

Lee lebt mit seiner Frau Claudia, einer Schmuckdesignerin, und ihrem gemeinsamen Sohn Hudson in einem winzigen Schindelhaus auf Martha's Vineyard. Das Haus ist das genaue Gegenteil von neuenglischer Strenge. Es glitzert. Es ist theatralisch. Es ist elektrisierend und eklektisch. Seine Glasbilder hängen an den Wänden, vor Vitrinen und Schränken. Die Atmosphäre wird noch verstärkt durch flackerndes Kerzenlicht, das von den Glasflächen vielfach zurückgeworfen wird.

Das Haus ist das Archiv seiner Arbeit. »Ich betrachte es als meine Werkstatt«, erklärt er. Fast jedes Möbelstück trägt seine Handschrift, sei es nun eine Trompe l'œil-Bemalung, Découpage oder Glasmalerei. In seinem Atelier steht ein Sideboard mit abgesägten Beinen, das er mit Découpagen von Vögeln und Schmetterlingen aus einem Kalender des Metropolitan Museum of Art geschmückt hat. Einen hölzernen viktorianischen Kaminschirm hat er mit gemaltem Marmor verziert und einem Paravent eine Découpage mit Bildern aus aller Welt verpasst: eine indonesische Zigarettenreklame, ein geschnitzter Kristallschädel, eine Stammesmaske aus Ozeanien, lauter Bilder und Inspirationen aus Ost und West.

LINKS OBEN Die Madonna aus dem 19. Jahrhundert, ursprünglich aus einer Kirche, entdeckte Lee in einem Antiquitätenladen. Sie hat Glasaugen.

LINKS UNTEN Stammesobjekte schmücken diese Ecke, ein weiterer eklektischer Teil aus Lees überbordender Sammlung.

RECHTS Lee verwertet gern jeden Gegenstand, den er auf der Insel findet, selbst Baumstämme. Ein Orkan ließ um 1990 überall auf Martha's Vineyard Robinien umstürzen, und einige davon verwandelte er in Säulen für sein Atelier, nachdem das Holz entrindet, abgeschliffen und poliert war. Den Großteil seines viktorianischen Mobiliars hat Lee auf der Insel entdeckt; es lagerte in Scheunen und Garagen, wurde auf Flohmärkten angeboten und dann restauriert von Künstlern wie Lee und Simon Hickman, seinem Teilhaber im Antiquitätenladen Chicamoo. Die Masken an der Fensterwand sind Überbleibsel aus seiner hektischen Zeit in Manhattan vor dem Umzug nach Martha's Vineyard; damals führte er einen Maskenladen mit dem Namen »Let's Face It«. Auf dem bemalten Spiegel in der Nähe des Tisches sieht man einen angelnden Jungen; das Stück stammt aus dem frühen 18. Jahrhundert.

OBEN »Die Glasmalerei nahm ihren Ausgang in Westeuropa, in Deutschland und der Tschechoslowakei, und sie erreichte in Europa im 19. Jahrhundert ihren Höhepunkt«, erklärt Lee. »Man hängte die Glasbilder hoch auf, damit sie das Licht reflektierten.« In seinem Atelier hat Lee sämtliches Werkzeug, das man für diese fast vergessene Kunst braucht.

LINKS Die Glasscheiben im Geschirrschrank von der Jahrhundertwende hat Lee mit Hinterglasmalerei verziert.

RECHTS Lee erklärt, die Hierarchie seiner gemalten Figuren sei eklektisch: manche seien mythologisch, manche religiös, manche aus dem Osten, manche aus dem Westen. Diese Gruppierung zeigt, dass er gerne exotische, glitzernde Gegenstände sammelt, die er in ganz bewusst »abge-hobene« Kunst verwandelt. Der Kristallkandelaber bringt Glanz in die schlichte kleine Küche. Die Volkskunst mit den Engelsflügeln stammt aus dem 20. Jahrhundert und gehört zu den wenigen Stücken, die er, wie man als Einheimischer sagt, »off-island«, kaufte – also nicht auf der Insel, sondern irgendwo in Massachusetts. Oben auf dem Schrank steht eine geschnitzte Holzform von den Philippinen. Sie stellt einen Weihnachtssänger dar und diente ursprünglich zur Herstellung von Papiermachéfiguren.

Die ersten englischen Siedler trafen ab 1659 in Nantucket ein, und vom 18. Jahrhundert an war die Insel eins der größten Walfangzentren nicht nur der USA, sondern der Welt. Nantucket ist eine Insel mit Geschichte, und die Innenarchitektin Eugenie Voorhees wurde zur engagierten Denkmalschützerin. 1998 kandidierte sie für den aus nur fünf Personen bestehenden Vorstand der Nantucket Historic Districts Commission, 1999 wurde sie Vorsitzende, trat aber bereits im Frühjahr 2000 wieder zurück. Sie bemüht sich jedoch weiterhin, diese Quäkerstadt mit ihren zahlreichen verwitterten grauen Häuschen und Gebäuden im Stil des Greek Revival frei von »repräsentativen Wohnsitzen« zu halten, von dem, was sie »den Wildwuchs« nennt. Voorhees meint dazu: »Die Leute bauen einfach zuviel, und ich kämpfe gegen die Neureichen, die ein schlichtes Quäkerhaus in etwas verwandeln wollen, was es nie war.« Einige

SCHLICHTE ELEGANZ

LINKS Eugenie Voorhees' Cottage könnte kaum schlichter sein – und ist liebenswert in seiner Einfachheit. Die Tür mit den großen Scharnieren hat einen handgemachten Riegel, eine Lampe für die nächtliche Beleuchtung und ein Fenster für Durchblick und Lichteinfall. Sie verheißt selbstverständliche Freundlichkeit: Hier, so denkt man, kann man anklopfen, dann den Riegel aufschieben und den Kopf hineinstecken, falls niemand antwortet.

RECHTS Ein Bullauge, Herkunft unbekannt, wurde in die Außentür gesetzt, eine Erinnerung an Nantuckets Seefahrervergangenheit.

der neuen Käufer lassen die Fassade intakt und entkernen das Innere. Sie billigt eine solche Vorgehensweise nicht. »Das ist eine Sache der Bildung. Die meisten Leute begreifen anscheinend nicht, dass man das Original zerstört, wenn man ein Gebäude entkernt und innen neu baut. Was übrig bleibt, ist eine Kopie.« Voorhees ließ Nantucket auf die Vorschlagsliste des National Trust for Historic Preservation setzen und hofft auf Aufnahme in die endgültige Liste der elf gefährdetsten Bauensembles in den Vereinigten Staaten.

Auf Nantucket hat sie ein urwüchsiges graues Schindelhaus aus den 1940ern gemietet. Es hat nur 92 qm, verteilt auf zwei Etagen, und beweist, wie warm und einladend ein spärlich dekoriertes Haus wirken kann. »In Neuengland geht es nicht um die Show«, sagt sie. Das Haus ist etwas dunkel. Dasselbe gilt für die Holzarbeiten, unter anderem Kieferneinbauten und Wände aus Zypressenholz. Um das Interieur aufzuhellen, hat sie daher alle Möbel – Sofa, Wintergartenstühle, Betten – weiß bezogen. Und damit das Haus nicht zu spartanisch wirkt, hat sie Bilder, künstlich beschnittene Pflanzen und Gagelzweige aus dem Garten geschickt arrangiert. Dort trotzen gestutzte Bäume und robuste Hagebutten dem nie nachlassenden Wind.

Das gemietete Cottage ist nicht luxuriös. Aber es ist das Urbild der schlichten und dennoch eleganten Lebensart Neuenglands. »Wenn man auf einer Insel oder nah am Strand wohnt«, erklärt sie, »sollte das Design auf reinen Linien basieren.« Diese geradlinige Schlichtheit ist ihr Markenzeichen.

LINKS OBEN UND UNTEN Voorhees führt in ihrem schlichten Cottage ein karges Leben. Sie besitzt alle häuslichen Annehmlichkeiten, aber nur wenig darüber hinaus, und dies wird auf einfachste Art präsentiert. In der Küche stehen Töpfe und Pfannen in den Regalen überm Herd, und rechts davon hängen zwei ihrer Sammlungen: eine bunte Mischung von Adams-Keramik aus den 1820ern, die Teller mit leuchtend grünem Blattwerk bemalt, dazwischen neues weißes Emailgeschirr.

RECHTS Für Voorhees gibt es keine beruhigendere Farbe als Weiß. In ihrem sparsam möblierten, eleganten Wohnzimmer kann sie zusehen, wie die weißen Polster von Sofa und Wintergartensesseln je nach Jahreszeit eine unterschiedliche Tönung annehmen. Nachts, unter Halogenlicht, leuchtet der Stoff schneeweiß. An bewölkten, windigen Tagen bekommen die Möbel einen blassgrauen Schimmer. Farbe erhält der Raum durch interessante Texturen. Eine handgewebte Decke von Nantucket Looms liegt über der Sofalehne. Den Teppich ziert ein auffällig kräftiges Muster aus taupe- und cremefarbenen Sisalrauten. Aber nichts ist übertrieben oder zu raffiniert. Selbst Voorhees' Lieblingsblumen sind rustikal und schlicht. Ein paar Blüten gucken aus einer Regalecke. In einer zweiten Vase stehen kahle, dicke Gagelzweige.

Das Duschen im Freien gehört
zu den größten Genüssen des
Sommers. Die Duschkabine
ist primitiv, bietet aber ein
unvergessliches Erlebnis. Voorhees
hat ihre simple Schlauchdusche mit
den wichtigsten Annehmlichkeiten
ausgerüstet, nämlich mit Shampoo
aus einer weißen Tasse, einem
Stück Seife und einem riesigen,
dicken weißen Handtuch.

LINKS Die Leiter führt zur Schlafempore. »Sie ist wie eine Schiffsleiter«, sagt Voorhees. Auf der einen Seite hat sie ein starres Holzgeländer, auf der anderen ein Tau. Ein Kinder-Klappstuhl gehört zu ihren persönlichen Erinnerungsstücken. »Es ist eins von diesen Gegenständen, die ich mein Leben lang besessen habe und behalten möchte«, erklärt sie. Ein Myrten-Hochstämmchen bringt Farbe, Form und Textur in den Raum.

UNTEN UND RECHTS Nantucket gehört zu jenen Orten, wo am 4. Juli jeder die amerikanische Flagge hisst. Die von Vorhees hat 48 Sterne und stammt aus den 1940ern. Sie hat sie wegen des schweren Wollstoffs ausgesucht. Die Flagge hängt am Deckenbalken und schirmt den Eingang zur Schlafempore etwas ab.

Zwischen 1983 und 1986 entwarf Peter Wooster die Einrichtung für vier Restaurants des Manhattaner Gastronomen Joe Allen. 1987 jedoch kaufte er ein Farmhaus in Roxbury, Connecticut, und wandelte sich langsam, aber nachhaltig zum leidenschaftlichen Gartendesigner. »Der Garten ist eine gewaltige Lernerfahrung«, erklärt er, »Thomas Jefferson hat einmal gesagt, er sei ein alter Mann, aber ein junger Gärtner.« Zu Anfang schüchterte ihn die Vorstellung ein, die ehemalige Truthahnfarm aus dem 19. Jahrhundert und die umliegenden Felder in einen Garten zu verwandeln. »Dieses Ende des Felds war ein Gemüsegarten, und der Hausmeister hat immer die Felder gepflügt und gesagt, ich sollte etwas pflanzen«, erzählt Wooster. »Es war völlig überwältigend für jemanden, der 20 Jahre in New York gelebt hat.« Die Lösung hieß »teile und erobere«. Er ging mit Schnüren und Linealen ans Werk, teilte den Garten in Seg-

LEBEN IM FREIEN

mente und zog einen Zaun darum; so entstand der erste 9 qm große Garten. Der quadratische Garten besteht mittlerweile aus sechs großen, rechteckigen Beeten, jedes abgesetzt durch Sträucher, Koniferen und viele winterfeste Pflanzen. Dort wachsen insgesamt über 1500 Pflanzenarten, und jedes Jahr inventarisieren er und sein Gärtner die Sammlung, immer auf der Suche nach anderen, interessanten Arten. Es gibt 34 Sorten Taglilien in Zinnoberrot, Buttergelb, Perlweiß oder tiefem bis blassem Pink. Er besitzt neun Buddleia-Sorten, auch Sommerflieder oder Schmetterlingsstrauch genannt, die mit ihrem Nektar Schmetterlinge anziehen, in diesem Garten vor allem Monarch-Falter. Hier wachsen 30 Sorten Canna-Lilien und 18 Sorten Clematis. Manche Blumen hat er nicht einmal registriert, und die Sonnenblumen gedeihen ohnehin ohne menschliches Zutun.

Auf der Mittelachse des Gartens steht eine Betonguss-Vogeltränke aus den 1920er Jahren. Je nach Jahreszeit landen Stieglitze, Rotkehl-Hüttensänger, Rotkehlchen, Trauertauben und Kolibris auf der Tränke, um einen Schluck Wasser zu nehmen. »Der Garten ist genauso für die Vögel wie für die Pflanzen da«, sagt Wooster, »es gibt so viel zu bestäuben und zu fressen.« Den Mittelpunkt des Gartens markiert außerdem ein grau verwitterter hölzerner Sonnenschirm mit einigen Adirondack Chairs, ein Platz, an dem man lesen und die Begoniensammlung betrachten kann. Nichts im Garten (außer natürlich dem Walten der Natur) ist ganz dem Zufall überlassen. Im Winter tritt sein nackter rechtwinkliger Raster zu Tage: Selbst dann bietet sich ein Bild des Friedens.

LINKS OBEN Nektar und Pollen locken Schmetterlinge zu den Buddleias, daher ihr Beiname »Schmetterlingsstrauch«.

LINKS MITTE Diesen glatten, eiförmigen Stein fand Wooster irgendwann auf dem Grund des Shepaug River, als es sehr trocken war und der Fluss nur aus Kieseln bestand. Der Stein liegt auf einem Zaun beim Garteneingang.

LINKS UNTEN Der rostfarbene Pfeil gehört zu einer Wetterfahne, die als Rankgerüst für weiße Prunkwinden eine zweite Karriere erlebt.

RECHTS Den Eisenbogen hat Wooster bei einem Schmied aus dem Ort bestellt. »Ich habe rund um den Garten 18 verschiedene Kletterpflanzen in Gruppen angepflanzt«, erzählt Wooster. »Sie wurden so groß, dass sie das Tor überwucherten, also habe ich diesen Bogen bestellt, damit sie in die Höhe und über das Tor wachsen.« Die Trompetenblume wuchert üppig von rechts nach links über den Bogen. Wenn dieser im Winter kahl dasteht, »sieht er aus wie die Pflanze«, sagt Wooster.

OBEN Ein Krocketschläger lehnt an einem blauen Metallstuhl. (Ab und zu wird auf dem Rasen Krocket gespielt.) Links vom Stuhl wächst eine Pfeifenblume, dahinter gedeihen Funkien. Wooster hat, seit er 1987 mit der Gärtnerei begann, langsam zu akzeptieren gelernt, dass Pflanzen sterben. »Zu Anfang bedauert man, wenn Pflanzen eingehen«, berichtet er, »und dann begreift man, dass das eine Gelegenheit ist, etwas Neues zu kaufen.« Als Aprilschnee durch seinen Garten fegte, »war alles Zarte braun und tot«, erzählt er. »Es ist eine raue Gegend. Die Wachstumsphase ist kurz. Aber es ist ein Wunder, das alles zu sehen.«

Gregory Cann, erfolgreicher Innenarchitekt in Boston, wollte ein Haus im Wald. Sein Partner, der Grafikdesigner Richard Dickinson, wollte ein Haus am Strand. Als sie schließlich dieses Cottage aus den 1940er Jahren in Ogunquit, Maine, entdeckten, wurden alle ihre Wünsche wahr. Von dem kleinen Haus, das sich in einen Hain aus 100-jährigen Eichen, Ahornbäumen und Hickorys duckt, umgeben von einem verwilderten, mit Giersch überwucherten Garten, fährt man nur zehn Minuten bis zum Meer.

Es wurde als Quartier für Schauspieler am Theater von Ogunquit gebaut, das in den 1940er und 1950er Jahren zum Straw-Hat-Sommertheater gehörte, in dem auch Montgomery Clift und Bette Davis auftraten. Die Schauspieler lebten entweder in der Nähe oder direkt in diesem Haus, das als Prototyp für weitere einräumige Cottages errichtet wurde.

PASSGENAU UND KREATIV

LINKS Das Haus wurde 1940 als Teil einer Sommerkolonie für Schauspieler erbaut und ist winzig, nur 37 qm einschließlich Terrasse. Cann und Dickinson haben die Fassade grün gestrichen, so dass es mit den 100-jährigen Eichen, Ahornbäumen und Hickorys rundum verschmilzt.

RECHTS Cann liebt Arbeiten für Regentage, Dekormotive, die sich wiederholen, und Baumwürger. Irgendwann bediente er alle drei Leidenschaften und fertigte das Fächermotiv aus Zweigen des Baumwürgers an.

»Wenn die Araber wollen, dass man etwas Kreatives macht«, erklärt Cann, »dann sagen sie, träum davon.« Und das taten die beiden Männer. Das Haus war ursprünglich blaugrau, aber sie entschieden sich, es waldgrün zu streichen, denn Cann wollte es zwischen den Bäumen verschwinden lassen. Dann beschlossen sie, die Fassade zu verzieren, überwiegend mit den zähen, aber biegsamen Zweigen des Baumwürgers. Cann entwarf ein Fächerdekor aus den Zweigen, das als falsches Fächerfenster über der Eingangstür sitzt, wand Zweige um einen Terrassentisch aus alten Gartenpfählen und dekorierte die Küchenschränke damit. »Ich mag Muster, die sich wiederholen«, sagt er. »Mir gefallen Dinge, die fortdauern.«

Die Fassade ist grün, desgleichen die Veranda und die Adirondack Chairs. Das Innere jedoch ist weiß. »Ich verwende das Weiß als Intermezzo, wie bei einem Menu«, erklärt Cann. So wirkt das Haus größer. »Weiß war immer eine Farbe der Puritaner. Es wirkt sehr beruhigend.« Nach typischer Neuengland-Manier gibt es nur wenige neue Möbel. Cann rettet abgewetzte Stücke mit einem frischen Anstrich – eine alte Kommode ist jetzt buttergelb, ein Schaukelstuhl aus Eiche und Hickory aus dem 19. Jahrhundert schokoladenbraun.

Das Cottage ist der Inbegriff von Gemütlichkeit. Die beiden Männer haben das Haus nach ihren Bedürfnissen gestaltet und sich mit dem knappen Raum, der ihnen zur Verfügung steht, bestens arrangiert. Das adrette Häuschen hat etwas von der Welt Hänsels und Gretels an sich, als sei es gerade im Wald aufgetaucht, aber hier gibt es keine böse Hexe.

LINKS Das allgegenwärtige Weiß – bei Decke, Wänden und Boden – lässt das winzige Cottage hell, leicht und geräumig erscheinen. »Im Wohnzimmer war ursprünglich alles aus Kiefernholz, deshalb haben wir Schluss gemacht mit rustikal und gemütlich und haben es weiß verpackt.« Die sorgfältig platzierten Möbel markieren die Funktion jedes kostbaren Quadratmeters. Cann hat den grün-weißen Baumwollbezug des Sofas gebleicht und es so im Schnellverfahren altern lassen. Um den Wohnbereich freundlicher zu machen, haben sie einen Schaukelstuhl dazugestellt.

LINKS UNTEN Mit Hilfe der Farbe Gelb lässt Cann den Raum golden erscheinen. Die Kommode hat er blassgelb gestrichen und über das bequeme Kopfteil einen gelb-weißen Quilt gehängt.

RECHTS Cann kaufte die Schränke vor Ort beim Holzhändler, strich sie weiß und verzierte sie mit Baumwürger-Zweigen. Er deckte sie mit einer Laminat-Arbeitsplatte ab und stellte alle wichtigen Küchenutensilien platzsparend offen auf. Die Teller stehen im Gestell, die Tassen hängen an Haken. Links von der Spüle hängt ein Tablett. Da es keine Klimaanlage gibt, benutzt das Paar altmodische Ventilatoren, und der Dametisch dient gleichzeitig als Spieltisch und Stauraum für CDs.

OBEN Der Essbereich des kompakten Hauses nimmt die Hälfte der Wohn-/Küchenzone ein. Am Tisch haben zwar nur vier Personen Platz, aber durch den offenen Wohnbereich fühlen sich bei einer intimen Essenseinladung auch diejenigen nicht ausgeschlossen, die auf dem Sofa und auf Stühlen daneben sitzen.

RECHTS Das Haus wirkt ordentlich und rustikal, und selbst das Brennholz ist sorgfältig gestapelt. Das Holz ist für den neuen Ofen, der im kommenden Frühjahr eingebaut wird.

OBEN Das Haus ist zwar klein, wurde von den Besitzern aber mit Bedacht ausgestattet. Die Adirondack Chairs haben sie grün gestrichen, so dass sie mit der Landschaft verschmelzen. An einem Regentag baute Cann den kleinen runden Tisch aus alten Ästen und Holzpfosten und umwickelte die Beine mit Baumwürger-Zweigen. Die einzigen anderen Farben auf der Veranda steuern die Pflanzen und Blumen bei, etwa Goldrute und dicke Sonnenblumen.

Während Howard Kaminsky in einer Wohnung in Brooklyn, New York, aufwuchs, hatte er einen geheimen Wunsch. »Ich wollte immer ein Baumhaus haben«, erzählt er. 1995 baten Howard und seine Frau Susan den Künstler und Bauunternehmer John Ryman, ihnen ein solches Baumhaus zu entwerfen. Er baute ein Holzhaus mit Schindeldach, das sechs Meter über dem Boden zwischen den Ästen eines 100-jährigen Ahorns sitzt. Kaminsky besitzt außerdem ein herkömmliches Haus im Nordwesten Connecticuts, dazu diverse Scheunen und 24 ha sanft hügeliges Land, auf dem Heu und Mais geerntet werden. Die Gegend ist so adrett und gepflegt, dass selbst ein Baumhaus perfekt gebaut sein muss.

Kaminsky war von 1971 bis 1984 Präsident und Vorstandsmitglied von Warner Books, seine Frau Susan war Texterin für die St. Martins Press, Literaturredakteurin bei einer Zeitschrift und Lektorin beim Verlag

DAS BAUMHAUS

E. P. Dutton. Als sie sich entschlossen, gemeinsam Romane zu schreiben, fügten sich ihre Talente nahtlos zusammen. Die Kaminskys teilen sich die Schreibarbeit. Er entwirft das Szenario, sie steuert Ideen bei. Jeder schreibt für sich ein Kapitel, und anschließend kritisieren sie sich gegenseitig. Er schreibt im Baumhaus, sie im Haupthaus.

Aus dem Baumhaus im Ahorn schaut man über Maisfelder und Wiesen und die sanften Hügel Connecticuts. Im Sommer, wenn das Gras hoch steht, mähen sie einen Weg zum Baumhaus frei, und die Ahornzweige bilden eine so riesige Krone, dass das Haus völlig in den Blättern verschwindet. Das witzig, aber solide gebaute Holzhaus schwebt hoch über dem Boden und ist über eine Holztreppe mit 13 Stufen und Geländern zu erreichen. Das klingt zwar gefährlich, aber der Aufstieg ist eigentlich ganz leicht. Im Inneren wurden Stamm und Äste des Baums als tragende Bestandteile und Wandteile genutzt. Das Haus wirkt bewohnt, rustikal, verwittert und gemütlich, mit schlichtem Mobiliar – Schreibtisch, Bücherregale, Schaukelstuhl und einem Klappbett, das auch als Sofa dient. Vor den Fenstern, lauter verschiedenen alten Stücken, auf Auktionen und Flohmärkten zusammengesammelt, hängen gefleckte Bambusrollos. Den Fenstern gegenüber hängt an der Wand überm Schreibtisch ein Rindenstoff aus Hawaii, dessen Braun- und Beigetöne das Muster der Bambusrollos aufnehmen. Die Wände sind weiß, ein Kontrast zur Außenseite, die in dunklem Waldgrün gestrichen ist, so dass sie sich der grünen Umgebung anpasst. Im gleichen Waldgrün ist der Boden gestrichen.

OBEN Der 100-jährige Ahorn überragt und umhüllt das in sechs Meter Höhe schwebende Baumhaus. Die schlichten alten Türen und Fenster machen das Haus noch unauffälliger. Die Kaminskys gelangen über eine breite, stabile Holztreppe mit robusten Geländern hinein. Zum Haus gehört eine kleine Veranda. Die Kaminskys können hinaustreten und den Ausblick auf hügelige Felder mit Gras und Mais genießen.

LINKS Wenn die Familie sich in Connecticut aufhält, zieht sich Kaminsky mindestens einmal am Tag ins Baumhaus zurück, entweder zum Lesen oder zum Schreiben. Zu den Möbeln im kleinen Haus gehören ein weißer Schaukelstuhl, ein alter Schreibtischstuhl und ein Klappbett. Der Boden ist dunkelgrün gestrichen, die Wände sind weiß, damit soviel Licht wie möglich reflektiert wird.

RECHTS Ein Teil des Baums und seiner zerklüfteten Rinde wird zur tragenden Wand und wirkt doch neben dem alten hölzernen Bücherregal und Türrahmen ganz natürlich. Die Regale sind einfach, aber funktional. Überall im winzigen Haus gibt es Texturen von unterschiedlicher Rauheit, von den glatten Bambusrollos bis zur Baumrinde. Das Haus ist ein warmer, sicherer und (felsenfest gebauter) zauberhafter Zufluchtsort, an dem die Kaminskys sich Thriller ausdenken können, aus denen eines Tages vielleicht Filme werden.

DER REISEFÜHRER

Es wird oft behauptet, dass die sechs Bundesstaaten, die Neuengland bilden, die amerikanischsten von allen seien, und dass die Region tief in Geschichte und Tradition verwurzelt sei. Sie haben dem Besucher viel zu bieten, vom architektonischen Erbe der Vanderbilt-Residenzen in Newport über die Gedenkstätten für Emily Dickinson und Mark Twain und die Seen, Berge und Skiorte Vermonts bis zur rauen Wildnis von Maine. Die übersichtliche Größe Neuenglands macht es dem Reisenden leicht; nur das ländliche Maine verlangt etwas Anstrengung. Zwar hat jeder Bundesstaat seine eigene Identität, alle bieten aber malerische Städte und dramatische Landschaften, vor allem an der tief eingeschnittenen Küste. Die südlichen Bundesstaaten Connecticut, Massachusetts und Rhode Island sind eher urban, die nördlichen bieten mehr Naturnähe.

Die folgenden Auflistungen ergeben keinen vollständigen Reiseführer; sie sollen vielmehr die Ideen und Interessen der Autoren und der in diesem Buch vorgestellten Einwohner widerspiegeln.

CONNECTICUT

UNTERKUNFT

Colony Inn
1157 Chapel Street
New Haven, CT 06511
Tel. 203-776-1234
Hotel im Kolonialstil.

Lakeview Inn
107 North Shore Road
New Preston Marble Dale,
CT 06777
Tel. 860-868-1000

Mark Twain Hostel
131 Tremont Street
Hartford, CT 06105
Tel. 860-523-7255
Preiswert und komfortabel.

Mayflower Inn & Restaurant
118 Woodbury Road
Washington, CT 06793
Tel. 860-868-9466
Hervorragendes gehobenes Gasthaus mit gutem Restaurant, in dem kalifornisch-asiatische auf europäische Küche trifft.

Residence Inn
3 Long Wharf Drive
New Haven, CT 06511
Tel. 203-777-5337
Luxuriöses Strandhotel.

ESSEN

Atticus Bookstore Café
1082 Chapel Street
New Haven, CT 06510
Tel. 203-776-4040
Kaffee und Brioches in freundlicher Buchhandlung.

Brown, Thompson & Co.
942 Main Street
Hartfort, CT 06103
Tel. 860-525-1600
Beliebtes Restaurant in der Innenstadt.

G. W. Tavern
20 Bee Brook Road
Washington Depot, CT 06794
Tel. 860-868-6633
Tolle amerikanische Kneipe, alles von Fish & Chips bis zu Filet mignon.

West Street Grill
43 West Street
Litchfield, CT 06759
Tel. 860-567-1374
Amerikanische Nouvelle Cuisine.

EINKAUFEN

Gerald Murphy Antiques Ltd.
60 Main Street South
Woodbury, CT 06798
Tel. 203-266-4211
Antiquitäten, 17.–19. Jahrhundert

J. Seitz
9 East Shore Road
New Preston Marble Dale,
CT 06777
Tel. 860-868-0119
Gute Auswahl an Damenbekleidung und Accessoires.

G. Sergeant Antiques
88 Main Street North
Woodbury, CT 06798
Tel. 203-266-4177

Michael Trapp
7 River Road
West Cornwall, CT 06796
Tel. 860-672-6098
Europäische, asiatische und afrikanische Antiquitäten, 16.–20. Jahrhundert. Bekannt für Garten- und Architekturornamente und -artefakte.

SEHENSWÜRDIGKEITEN

Housatonic Meadows State Park
Cornwall Bridge, CT 06754
Picknicks und Kanufahrten auf dem Housatonic River. Ganzjährig geöffnet.

Macedonia Brook State Park
159 Macedonia Brook Road
Kent, CT 06757
Wasserfälle, toll für Picknicks und kurze, angenehme, friedliche Spaziergänge.

Mystic Seaport
Southeast Connecticut
Sorgfältig rekonstruiertes Küstendorf an der Mündung des Mystic River.

MAINE

Unterkunft

Black Point Inn Resort
510 Black Point Road
Scarborough, ME 04074
Tel. 207-883-4126
oder 800-258-0003

East Wind Inn
Mechanic Street
Tenants Harbor, ME 04860
Tel. 207-372-6366
Schön für einen Aperitif vor dem
Essen auf der Terrasse mit Meer-
blick.

Harbourside Inn
Northeast Harbor
Mount Desert, ME 04662
Tel. 207-276-3272

High Tide Inn On The Ocean
Belfast Road
Camden, ME 04843
Tel. 207-236-3724

Limerock Inn
96 Limerock Street
Rockland, ME 04841
Tel. 207-594-2257
oder 800-546-3762

Monhegan House
Monhegan Avenue
Monhegan, ME 04852
Tel. 207-594-7983

Ocean House Hotel
Port Clyde, ME 04855
Tel. 207-372-6691

Old Granite Inn
546 Main Street
Rockland, ME 04841
Tel. 207-594-9036

Samoset Resort
220 Warrenton Street
Rockport, ME 04856
Tel. 207-594-2511

Stageneck Inn
100 Stageneck Road
York Harbor, ME 03911
Tel. 207-363-3850

Ferienhäuser

Lucinda Lang
Tel. 207-372-8906
lucinda@midcoast.com
Schöne Häuser am Meer.

Essen

Amalfi
412 Main Street
Rockland, ME 04841
Tel. 207-596-0012
Mittelmeerküche.

Café This Way
14½ Mount Desert Street
Bar Harbor, ME 04609
Tel. 207-288-4483
Frühstück und Dinner.

Cod End Cookhouse
Wharf Street
Tenants Harbor, ME 04860
Tel. 207-372-8981
Fischmarkt, Essen auf der
Terrasse oder drinnen.

Dolphin Marine Restaurant
Basin Point
Harpswell, ME 04079
Tel. 207-833-6000
Tolle Fischsuppe.

Ducktrap River Fish Farm
57 Little River Drive
Belfast, ME 04915
Tel. 800-828-3825
www.ducktrap.com
E-Mail: smoked@ducktrap.com
Köstliche regionale Spezialitäten:
geräucherter Lachs, Forelle und
Makrele, wunderbar gewürzt und
vakuumverpackt. Im Versand und
auf Märkten.

Farmer's Restaurant
Main Street
Tenants Harbor, ME 04860
Tel. 207-372-6111

Good Tern Co-op Food Market
216 South Main Street
Rockland, ME 04841
Tel. 207-594-9286
Regionale Bio-Produkte der
Saison, Bio-Großhandel saison-
unabhängig. Fertigprodukte
ganzjährig.

Harbor Candy Shop
26 Main Street
Ogunquit, ME 04079
Tel. 207-646-8078
Trüffelpralinen, Toffees und beste
Süßwaren.

Market on Main
315 Main Street
Rockland, ME 04841
Tel. 207-594-0015
Mittagessen.

Miranda Café
15 Oak Street
Rockland, ME 04841
Tel. 207-594-2034
Gute Weine.

Moody's Diner
Waldoboro, ME 04572
Tel. 207-832-7785
Holzgetäfelte Nischen, schlag-
fertige Kellnerinnen und die
besten hausgemachten Pies der
Welt: »The Real Thing«.

Pompeo's Brick Oven Pizza
3 Brentwood Street
Portland, ME 03907
Tel. 207-774-6844
Gute, preiswerte italienische
Küche.

Port Clyde General Store
St. George Street
Port Clyde, ME 04855
Tel. 207-372-6543
Sandwiches und Picknicks zum
Mitnehmen.

Provisions
650 Main Street
Rockland, ME 04841
Tel. 207-594-9063

Second Read Books & Coffee
328 Main Street
Rockland, ME 04841
Tel. 207-594-4123
Kaffee und Tee im Buchantiquariat.

Stonewall Kitchen
469 Route 1
York, ME 03909
Tel. 207-351-2712
Gourmet-Konserven, Senf
und Salatsaucen.

Thomaston Café & Bakery
88 Main Street
Thomaston, ME 04861
Tel. 207-354-8589
Amerikanische Hausmannskost,
z. B. hausgemachte Suppen,
Chowders und Krabbenpasteten.

Segeln

Die Schonerflotten in der Gegend
von Camden, Rockport und Rockland heißen bei den Einheimischen
»Skinboats«, weil die Urlauber an
Bord ihre Bräune pflegen; die Boote liegen häufig im Hafen, und man
kann der Mannschaft beim Faulen-
zen oder Putzen zuschauen. Manche veranstalten Tagestouren, die
meisten jedoch einwöchige Touren.

American Eagle & Heritage
Schooners
Front Street
Rockland, ME 04841
Tel. 207-594-8007
Segeltörns, 3–10 Tage.

Brooklin Boatyard
Center Harbor Road
Brooklin, ME 04616
Tel. 207-359-2236
Brooklin ist die Hochburg des
Holzbootsbaus in den USA und
war die Heimat des Kinderbuch-
autors E. B. White. Whites Enkel
Steve besitzt und führt die Firma;
dort ist immer ein neues Boot in
Arbeit.

Classic Yacht Shantih II
Rockport Marine Park
Rockport, ME 04856
Tel. 207-236-8605
Tagestrips auf der Jacht.

Monhegan-Thomaston Boat Line
Port Clyde, ME 04855
Tel. 207-372-8848
Fähre zur Insel Monhegan,
große Touristenattraktion.

Schooner J & E Riggin
136 Holmes Street
Rockland, ME 04841
Tel. 207-594-1875
Schonertörns, 4–6 Tage.

Woodenboat School
Naskeag Point Road
Brooklin, ME 04616
Tel. 207-359-4651
Bootsbau und Segelkurse.

GALERIEN UND MUSEEN

The Farnsworth Art Museum
352 Main Street
Rockland, ME 04841
Tel. 207-596-6457
Die maßgebliche Sammlung von
Werken der Familie Wyeth, die
allgemein als Amerikas berühm-
teste Künstlerfamilie gilt.

Harbor Square Gallery
374 Main Street
Rockland, ME 04841
Tel. 207-594-8700
oder 877-594-8700
Kunst, Schmuck, Skulpturen,
Werke einheimischer Künstler.
Der Besitzer ist ein berühmter
Goldschmied.

Islands of Maine Gallery
412 Main Street
Rockland, ME 04841
Tel. 207-596-0701

Maine Coast Artists
162 Russell Avenue
Rockport, ME 04856
Tel. 207-236-2875
Öffnungszeiten Di–Sa 10–17,
So 12–17 Uhr. Zeitgenössische
Künstler aus Maine.

Maine Watercraft Museum
4 Knox Street Landing
Thomaston, ME 04861
Tel. 207-594-0043
E-Mail: oldboats@midcoast.com
Museumshafen mit alten und
klassischen kleinen Booten, z. B.
Kennebecs, Old Towns und
Showhegans. Einige werden stun-
denweise vermietet. Bei gutem
Wetter Bootsfahrten möglich.

Maine State Museum
State House Complex
Augusta, ME 04333
Tel. 207-287-2301
Hier werden Exponate und Instal-
lationen zur Geschichte von Maine
gezeigt, darunter eine Papier-
mühle und ein Holzfällerlager.

Owls Head Transportation
Museum
117 Museum Street
Owls Head, ME 04854
Tel. 207-594-4418
Bestens gepflegte alte Autos und
Luftfahrzeuge.

Westbrook College Art Gallery
University of New England
716 Stevens Avenue
Portland, ME 04103
Tel. 207-797-7261
Früher hingen hier van Goghs
Iris. Die kleinen Ausstellungen
sind gerade richtig für eine freie
Stunde zwischendurch.

EINKAUFEN

ABCD Books
23 Bay View Street
Camden, ME 04843
Tel. 207-236-3903
www.abcdbooks.com
Spezialbuchhandlung für alte und
seltene Bücher über Schiffe, die
Geschichte von Maine, Lyrik
und Prosa des 19. und 20. Jahrhunderts sowie für seltene
Kinderbücher.

Blue Hill Antiques
8 Water Street
Blue Hill, ME 04614
Tel. 207-374-8825
Quilts und französische
Antiquitäten des 18. und
19. Jahrhunderts.

Swans Island Blankets
Swans Island, ME 04685
Tel. 207-526-4492
www.atlanticblanket.com
John und Carolyn Grace fertigen
schöne handgewebte und handgefärbte Wolldecken.

Wayway General Store
93 Buxton Road
Saco, ME 04072
Tel. 207-283-1362
Ganz wie in alten Zeiten,
komplett mit Benzinpumpe
und Nebengebäuden, dazu
Süßigkeiten stückweise und
Bohnen in Großpackungen für
die traditionellen Bohnenessen
der Kirchen.

SEHENSWÜRDIGKEITEN

Acadia National Park
Eagle Lake Road
Mount Desert, ME
Tel. 207-288-3338
Friends of Acadia
Tel. 207-288-3340
Wunderschöne Wanderwege mit
Blick auf den Ozean. Man bewegt
sich zu Fuß, per Rad oder zu Pferd
auf über 100 Meilen befestigten,
autofreien Wegen, angelegt von
der Familie Rockefeller.

Bryant's Stove Works
Thorndike, ME 04986
Tel. 207-568-3665
Fantastische Sammlung restau-
rierter alter Holzöfen, mechani-
scher Klaviere und Musikauto-
maten, alles verkäuflich.

Bradbury Mountain State Park
Pownal, Maine, etwa 20 Meilen
nördlich von Portland an der
Route 9.
Mini-Wanderungen auf einem
Mini-Berg, nicht anstrengend.
Beliebt für Schulpicknicks.

The Village of Castine, ME
bei Bangor, ME
Eine neuenglische Stadt am Meer
für die ganz Reichen, seit Jahr-
hunderten bis auf Stromleitungen
und Straßenpflaster unverändert.

Kelmscott Farm
Lincolnville, ME 04849
Tel. 207-763-4088
Für tierliebende Kinder; hier wer-
den vom Aussterben bedrohte
Schaf- und Pferderassen gezüch-
tet. Zu kaufen gibt es Rohwolle
zum Spinnen und Weben von
Cotswold-, Jacob- und Shetland-
Schafen.

Penobscot Marine Museum
Church Street
Searsport, ME 04974
Tel. 207-548-2529
Im 19. Jahrhundert wohnten in
Searsport viele amerikanische
Kapitäne. Einige der ehemaligen
Kapitänshäuser sind noch unver-
ändert. Das Museum beherbergt
eine Sammlung von nautischen
Gemälden, kleinen Booten und
Schiffsmodellen.

Popham Beach
Route 209, 14 Meilen von Bath
Richtung Phippsburg
Attraktion für die Einwohner
von Maine sind die sich ständig
verlagernden Fluttümpel, Sand-
dünen und dramatische Strö-
mungen.

Rachel Carson National Wildlife Refuge
Wells, ME 04090
Tel. 207-646-9226
Das Naturschutzgebiet wird sich
einmal über 3000 ha erstrecken.
Zur Zeit leben hier über 250
Vogelarten, darunter Kanadagans,
Dunkelente und Grüne Krickente.
Die ersten Siedler schätzten die
Salzmarschen wegen des dort
geernteten Heus.

MASSACHUSETTS

Martha's Vineyard
UNTERKUNFT

Charlotte Inn
South Summer Street
Edgartown, MA 02539
Tel. 508-627-4751
Alle Zimmer mit Antiquitäten
möbliert. Tolles Restaurant.

Martha's Place
114 Main Street
Vineyard Haven, MA 02568
Tel. 508-693-0253

Outermost Inn
Lighthouse Road
Gay Head, MA 02535
Tel. 508-645-3511
E-Mail: inquiries@outermos-
tinn.com
Einer der Besitzer ist Hugh
Taylor, Bruder des Sängers
James Taylor.

ESSEN

Alchemy
71 Main Street
Edgartown, MA 02539
Tel. 508-627-9999
Bistro.

Balance
57 Circuit Avenue
Oak Bluffs, MA 02557
Tel. 508-696-3000

Café Moxie
48 Main Street
Vineyard Haven, MA 02568
Tel. 508-693-1484
Hier essen die Einheimischen.
Wein bringt man selbst mit.

Lola's
Beach Road
Oak Bluffs, MA 02557
Tel. 508-693-5007
Gute, herzhafte Südstaaten- und
Cajun-Küche. Live-Musik, meist
Blues und Jazz.

EINKAUFEN

Bramhall & Dunn
Main Street
Vineyard Haven, MA 02568
Tel. 508-693-6437
Gartendekorationen und hand-
gestrickte Pullover.

Chicamoo
Lamberts Cove Road
West Tisbury, MA 02575
Tel. 508-693-6291
Richard Lee ist Teilhaber von
Geschäft und Galerie; hier gibt
es Antiquitäten aus dem 19. Jahr-
hundert, sämtlich aufgearbeitet,
häufig auch mit Trompe-l'œil-
Bemalung.

Claudia
51 Main Street
Edgartown, MA 02539
Tel. 508-627-8306
und 64 Main Street
Vineyard Haven, MA 02568
Tel. 508-693-5465
Neuer eklektischer Schmuck,
darunter Claudia Lees zarte
Arbeiten aus Halbedelsteinen.

Country Life
Main Street
Vineyard Haven, MA 02568
Tel. 508-693-2243
Neue und alte dekorative Acces-
soires und Wohnaccessoires.

Craven Gallery
495A State Road
West Tisbury, MA 02575
Tel. 508-693-3535

*Field Gallery and Sculpture
Garden*
State Road
West Tisbury, MA 02575
Tel. 508-693-5595
Kinetische Skulpturen, Cartoons
von Jules Feiffer.

Hermine Merel Smith Fine Art
548 Edgartown Road
West Tisbury, Ma 02575
Tel. 508-693-7719
Gemälde.

Granary Gallery
Old County Road
West Tisbury, MA 02575
Tel. 508-693-0455
Kunst mit Schwerpunkt Martha's
Vineyard, u. a. Landschaftsmale-
rei und Fotografie, außerdem alte
bemalte Möbel.

Past and Presents
37 + 42 Main Street
Edgartown, MA 02539
Tel. 508-627-6686/508-627-3992
Alte britische und amerikanische
Möbel; darüber hinaus Werke
regionaler Künstler.

SEHENSWÜRDIGKEITEN

Leuchtturm von Gay Head
Gay Head führt mittlerweile
seinen ursprünglichen india-
nischen Namen Aquinnah und
ist berühmt für seine Klippen
mit Blick auf den Ozean und die
Elizabeth Islands.

Leuchtturm von Edgartown
Edgartown, MA

Häuser von Walfänger-Kapitänen
Edgartown, MA

Chappaquiddick
Man setzt mit der On-Time-Fähre
von Edgartown über. Die wegen
ihrer Schönheit berühmte Insel
muss man per Auto oder Fahrrad
erkunden.

Campgrounds
Oak Bluffs, MA
Ein Dorf aus Fertighäusern im
Zuckerbäckerstil, erbaut in den
1920er und 1930 er Jahren. Eins
heißt Valentine House und ist
knallrot und pink gestrichen.

Nantucket
UNTERKUNFT

The House of Orange
25 Orange Street
Nantucket, MA 02554
Tel. 508-228-9287

Quaker House
5 Chestnut Street
Nantucket, MA 02554
Tel. 508-228-0400

Pineapple Inn
10 Hussey Street
Nantucket, MA 02554
Tel. 508-228-9992

ESSEN

Straight Wharf Restaurant
Straight Wharf
Nantucket, MA 02554
Tel. 508-228-4499

21 Federal Restaurant
21 Federal Street
Nantucket, MA 02554
Tel. 508-228-2121

Le Languedoc Inn & Restaurant
24 Broad Street
Nantucket, MA 02554
Tel. 508-228-2552

Kendrick's at the Quaker House
5 Chestnut Street
Nantucket, MA 02554
Tel. 508-228-9156

EINKAUFEN

Flowers on Chestnut
1 Chestnut Street
Nantucket, MA 02554
Tel. 508-228-6007

Margareta Nettles Weaving Studio
64 Union Street
Nantucket, MA 02554
Tel. 508-228-9533
Maßanfertigung von schwedi-
schen Woll-Gobelinteppichen.

Nantucket Country
38 Center Street
Nantucket, MA 02554
Tel. 508-228-8868
Das Antiquitätengeschäft von
Cam und Gardiner Dutton ist
spezialisiert auf Americana
des 18. und 19. Jahrhunderts.

Nantucket Looms
16 Main Street
Nantucket, MA 02554
Tel. 508-228-1908
Wunderschöne Handwebdecken.

Weeds
14 Center Street
Nantucket, MA 02554
Tel. 508-228-5200
Im Laden von Geo. Davis gibt es
französische und englische Antiquitäten des 19. Jahrhunderts.

SEHENSWÜRDIGKEITEN

Nantucket Historical Association
2 Whalers Lane
Nantucket, MA 02554
Tel. 508-228-1894
Die Nantucket Historical Associa-
tion unterhält viele Sehenswür-
digkeiten der Insel, darunter das
Walfangmuseum in der Broad
Street, in der die Hochzeit des
Walfangs auf Nantucket doku-
mentiert wird, und das älteste
Haus auf Sunset Hill.

NEW HAMPSHIRE

UNTERKUNFT

A Touch of Europe
85 Centre Street
Concord, NH 03301
Tel. 603-226-3771
Unterkunft im viktorianischen Stil.

Bow Street Inn
121 Bow Street
Portsmouth, NH 03801
Tel. 603-431-7760
Das einzige am Wasser gelegene
Hotel in Portsmouth.

The Inn at Christian Shores
335 Maplewood Avenue
Portsmouth, NH 03801
Tel. 603-431-6770
Haus im Federal Style aus dem
19. Jahrhundert.

The Inn at Strawberry Banke
314 Court Street
Portsmouth, NH 03801
Tel. 603-436-7242
Luxuriöses altes Haus im
Kolonialstil.

Martin Hill Inn
404 Islington Street
Portsmouth, NH 03801
Tel. 603-436-2287
Haus aus dem 19. Jahrhundert.

ESSEN

BG's Boat House Restaurant
191 Wentworth Road
Portsmouth, NH 03801
Tel. 603-431-1074
Muschel-, Hummer- und Austern-
brötchen, Meerblick.

Celebrity Sandwich
171 Islington Street
Portsmouth, NH 03801
Tel. 603-433-2277
Riesige Gourmet-Sandwiches.

Karen's Restaurant
637 Daniel Street
Portsmouth, NH 03801
Tel. 603-431-1948
Kreative amerikanische Nouvelle
Cuisine.

The Stockpot
53 Bow Street
Portsmouth, NH 03801
Tel. 603-431-1851
Herzhafte amerikanische Küche
zu vernünftigen Preisen.

BOOTSFAHRTEN UND SEGELN

Buccaneer Charters
177 Mechanic Street
Portsmouth, NH 03801
Tel. 603-431-6999
Abendfahrten, Hafenrundfahrten
und Ausflüge zu den Isles of Shoals.

Isles of Shoals Steamship Company
315 Market Street
Portsmouth, NH 03801
Tel. 603-431-5500
Rundfahrten und Wal-
Beobachtung.

MS Mount Washington
Lake Winnipesaukee, NH
Tel. 603-366-5531
Tages- und Dinnerfahrten in
malerischer Landschaft.

GALERIEN UND MUSEEN

Currier Gallery of Art
201 Myrtle Way
Manchester, NH 03104
Tel. 603-626-4158
New Hampshires bestes Kunstmu-
seum. Dazu gehört das Zimmer-
man House, ein von Frank Lloyd
Wright entworfenes eingeschossi-
ges Holzhaus.

Strawberry Banke Museum
454 Court Street
Portsmouth, NH 03801
Tel. 603-433-1100
Schön möblierte Häuser und
historische Gärten auf dem
4-ha-Grundstück lassen 300 Jahre
Leben im Viertel Puddle Dock
lebendig werden.

SEHENSWÜRDIGKEITEN

Portsmouth Harbor Trail
Portsmouth, NH 03801
Tel. 603-436-1118
Faszinierende Spaziergänge auf
den Spuren der Stadtgeschichte.

State House
Main Street
Concord, NH 03301
Tel. 603-271-2154
Parlamentsgebäude mit goldener
Kuppel.

RHODE ISLAND

EINKAUFEN

Brick Market
Am Long Wharf im Zentrum
von Newport, RI 02840
Markt seit 1762, auch Galerien
und Geschäfte.

Richard Kazarian Antiques
325 Water Street
Warren, RI 02885
Tel. 401-245-0700
Amerikanische, europäische,
Architektur- und Garten-
Antiquitäten.

GALERIEN UND MUSEEN

Coggeshall Farm Museum
Colt State Park
Bristol, RI 02809
Tel. 401-253-9062
Im 14-ha-Freilichtmuseum ist
eine Küstenfarm Rhode Islands
aus den 1790er Jahren zu besich-
tigen.

*Haffenreffer Museum of Anthro-
pology*
Mount Hope Grant
Bristol, RI 02809
Tel. 401-253-1287
Tausende von Exponaten aus
Afrika, Asien und Lateinamerika.

*Museum of Art, Rhode Island
School of Design*
College Street
Providence, RI 02902
Tel. 401-454-6500
In diesem kleinen, aber exquisiten
Museum gibt es den größten höl-
zernen Buddha außerhalb Japans,
vier Copleys, einige exzellente
Impressionisten und zwei Bilder
des kubanischen Malers Wilfredo
Lam.

SEHENSWÜRDIGKEITEN

Blithewold Mansion and Gardens
101 Ferry Road
Bristol, RI 02809
Tel. 401-253-2707
13 ha Gartenlandschaft mit Blick
auf Narragansett Bay. Exotische
Pflanzen, z. B. ein Bambuswäld-
chen und eine 30 m hohe Sequoia,
sowie Waldwege.

Providence Riverwalk
Providence, RI
Die Flüsse Woonasquatucket,
Moshassuck und Providence,
früher zugepflastert, wurden
freigelegt, umgeleitet und
gestaltet. An einigen Samstag-
abenden entzünden ortsansässige
Künstler 40 Feuer in Kohle-
becken, die von Sonnenuntergang bis Mitternacht leuchten.

*Preservation Society of Newport
County*
424 Bellevue Avenue
Newport, RI 02840
Tel. 401-847-1000
Informationen und Eintrittskarten
für die berühmten herrschaft-
lichen Villen von Newport.

Quaker Meeting House
Ecke Farewell Street/Marl-
borough Street, Newport, RI
Tel. 401-846-0813
Führung durch das älteste Gottes-
haus (1699) von Newport. Eintritt
frei, nur nach Voranmeldung.

VERMONT

UNTERKUNFT

3 Church Street
3 Church Street
Woodstock, VT 05091
Tel. 802-457-1925
Tierfreundliches georgianisches
Haus.

The Artist's Loft B&B and Gallery
103 Main Street
Brattleboro, VT 05301
Tel. 802-257-5181
Luxuriöse Suite über einer
Galerie.

Four Columns Inn
21 West Street
Newfane, VT 05345
Tel. 802-365-7713
Wunderbares Hotel. Gutes Essen.

The Old Tavern at Grafton
Grafton, VT 05146
Tel. 802-843-2231
www.old-tavern.com
Schönes Hotel, Jazz, gutes Essen,
große Kamine.

Radisson
60 Battery Street
Burlington, VT 05401
Tel. 802-658-6500
Extravagantes Hotel in Hügellage.

ESSEN

Max's
414 Western Avenue
Brattleboro, VT 05301
Tel. 802-254-7747
Offene Küche. Tolle Speisen
und Weine.

Pane Salut
61 Central Street
Woodstock, VT 05091
Tel. 802-457-4882
Bester Cappuccino von Wood-
stock.

Peter Haven's Restaurant
32 Elliot Street
Brattleboro, VT 05301
Tel. 802-257-3333
Gehobenes Essen.

Riverview Restaurant
3 Bridge Street
Brattleboro, VT 05301
Tel. 802-254-9841
Leckere, preiswerte Meeres-
früchte.

Smoke Jack's
156 Church Street
Burlington, VT 05401
Tel. 802-658-1119
Innovative amerikanische Küche.

Townshend Dam Diner
Townshend, VT 05353
Tel. 802-874-4107
Frühstück.

GALERIEN UND MUSEEN

The Shelburne Museum
5555 Shelburne Road
Shelburne, VT 05482
Tel. 802-985-3344
Fabelhafte Sammlung von Americana, bestehend aus über 30 Gebäuden auf 20 ha, darunter sieben
komplett möblierte historische
Häuser.

The Vermont Historical Society
Museum
109 State Street
Montpelier, VT 05609
Tel. 802-828-2991
Faszinierende Einblicke in die
Geschichte von Vermont.

Woodstock Folk Art Prints and
Antiquities
6 Elm Street
Woodstock, VT 05091
Tel. 802-457-2012
Volkskunst der Region und
Drucke.

EINKAUFEN

British Clockmaker
West Street
Newfane, VT 05345
Tel. 802-365-7770
Reparatur alter Uhren.

Sam's Department Stores
74 Main Street
Brattleboro, VT 05301
Tel. 802-254-2933
Wollsocken, Sportzubehör,
Popcornautomaten.

SEHENSWÜRDIGKEITEN

Brown & Roberts
182 Main Street
Brattleboro, VT 05301
Tel. 802-257-4566
Altmodischer Eisenwarenladen.

REGISTER

DANK

Die Autorinnen möchten sich bei all denen bedanken, die sie in ihren Häusern aufgenommen, ihr Leben und ihre Gedanken offenbart und sich Zeit genommen haben, die Details ihrer Häuser zu erläutern.

Mein Dank geht an Trudy Taylor, die ich Anfang der 1990er Jahre auf Martha's Vineyard kennen gelernt habe. Dank ihrer Kenntnisse ist mir erst bewusst geworden, welch wichtige und faszinierende Region Neuengland ist.

Dank auch an Francine Gardner, Stephen Mack und Dennis Kyte, die ich 1998 während meiner Recherchen kennen lernte. Sie (und ihre Häuser) haben mich darin bestärkt, dieses Projekt anzugehen.

Außerdem an meinen engsten Kreis – meine Mutter, meine Tochter Camilla und meine beiden Hunde – wie immer waren sie mir ein Trost und bedeuten mir unendlich viel.

Sølvi dos Santos

Ich möchte James Grossman, Joelle Madiec, Anne Zill sowie Robert und Marjorie Potts für ihre Gastfreundschaft danken und dafür, dass sie mir die Feinheiten des Lebens in Maine und auf Martha's Vineyard erklärt haben. Und schließlich Dank an Robert Grossman, Tracy Turner und Anna Sussman für die liebevolle Unterstützung.

Elaine Louie

Aus dem Englischen von Petra Trinkaus
Koordination: Gimlet & Partner, Köln
Lektorat: Bettina Hüllen, Berlin
Satz: Greiner & Reichel, Köln

Umschlag: Dorén + Köster, Berlin

Druck und Bindung: Toppan, China